Impressum
Verlag: BABADADA GmbH, Nedderfeld 112 , 22529 Hamburg
Geschäftsführer / Verlagsleitung: Harald Hof
Druck: Books on Demand GmbH, In de Tarpen 42, 22848 Norderstedt

Imprint
Publisher: BABADADA GmbH, Nedderfeld 112 , 22529 Hamburg, Germany
Managing Director / Publishing direction: Harald Hof
Print: Books on Demand GmbH, In de Tarpen 42, 22848 Norderstedt

shule

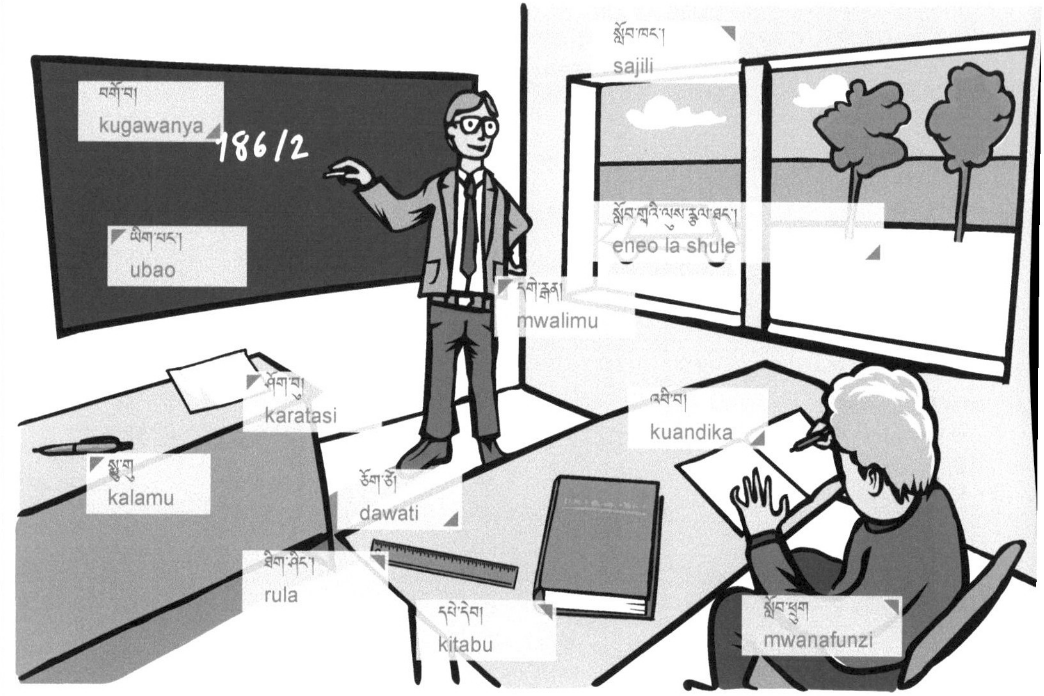
བགོ་བ།
kugawanya
186/2
ཡིག་པང་།
ubao
སློབ་ཁང་།
sajili
སློབ་གྲྭའི་ལུས་རྩལ་ཐང་།
eneo la shule
དགེ་རྒན།
mwalimu
ཤོག་བུ།
karatasi
འབྲི་བ།
kuandika
སྨྱུ་གུ།
kalamu
ཅོག་ཙེ།
dawati
ཐིག་ཤིང་།
rula
དཔེ་དེབ།
kitabu
སློབ་ཕྲུག
mwanafunzi

དཔེ་ཁུག

mkoba

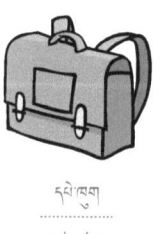

སྨྱུག་སྒམ།

kikasha cha penseli

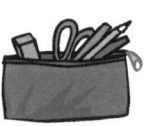

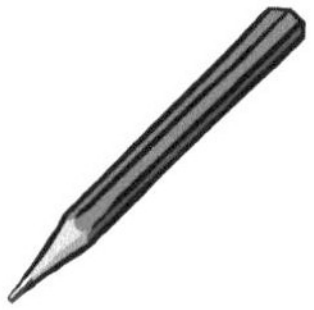

ཞ་སྨྱུག

penseli

གཞོག་གྱི།

kichonga penseli

འཕྱིག་གསུབ།

mpira

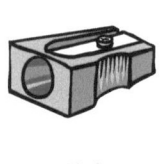

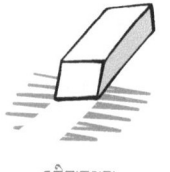

འབྲི་པང་།

pedi ya kuchora

རི་མོ།

uchoraji

ཚོན་ཡིག

brashi ya rangi

ཚུ་སྨྱུག

sanduku la rangi

ཇེམ་ཆི།

mkasi

འབྱར་སྐྱི།

gundi

སྦྱོར་བདར་སྦྱོར་དེབ།

daftari

ནང་སློབ།

kazi ya nyumbani

12

ཨང་གྲངས།

nambari

2+2

སྦོན་པ།

jumlisha

5-2

འཐེན་པ།

ondoa

2×2

སྒྱུར་བ།

zidisha

རྩིས་རྐྱག་པ།

kokotoa

A

ཡི་གེ

barua

ABCDEFG HIJKLMN OPQRSTU VWXYZ

ཀ་ཁ་

alfabeti

hello

ཚིག

neno

ཡིག་གཞི།

maandishi

སློག་པ།

kusoma

ས་སུག

chaki

སློབ་ཚོན།

somo

དེབ་གཞུང་།

sajili

ཡིག་ཚོན།

uchunguzi

ལག་ཁྱེར།

cheti

སློབ་གོས།

sare za shule

སློབ་གསོ།

elimu

ཤེས་བྱ་ཀུན་བཏུས་དེབ་ཐེར།

elezo

སློབ་གྲྭ་ཆེན་མོ།

chuo kikuu

ཕྲ་མཐོང་ཆེ་ཤེལ།

darubini

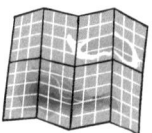

ས་ཁྲ།

ramani

གད་སྙིགས་སློད།

kikapu cha kuweka karatasi chafu

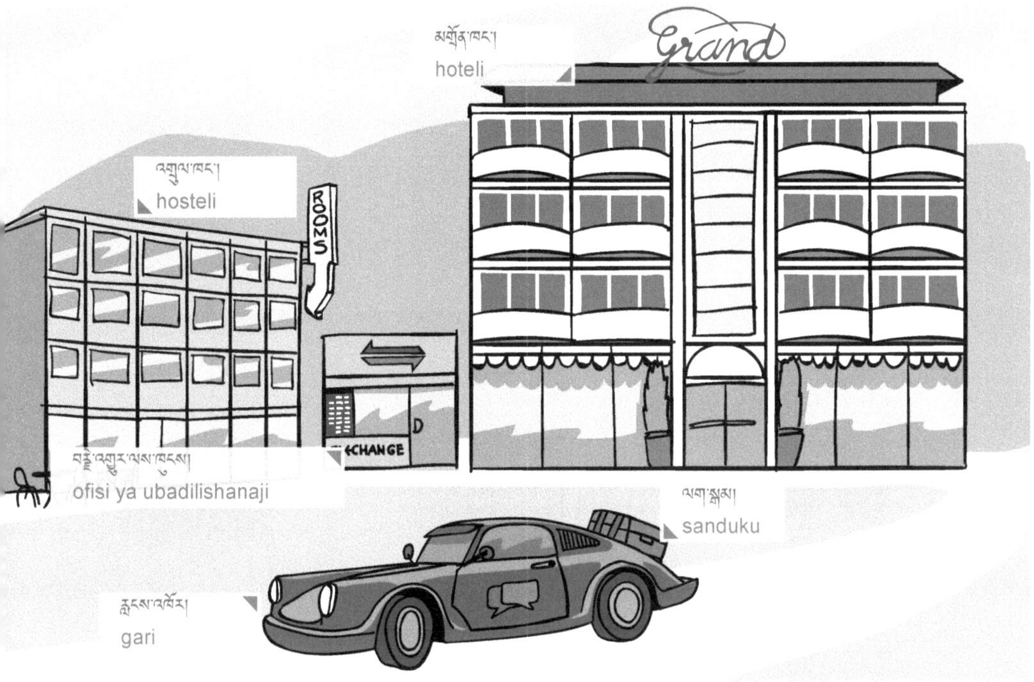
མགྲོན་ཁང་།
hoteli
Grand
འགྲུལ་ཁང་།
hosteli
ROOMS
བརྗེ་འགྱུར་ལས་ཁུངས།
ofisi ya ubadilishanaji
ལག་སྒམ།
sanduku
རླངས་འཁོར།
gari

སྐད་རིགས།

lugha

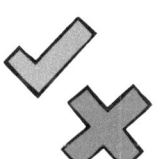

རེད། མ་རེད།

ndiyo / la

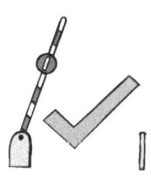

ལགས་སོ།

sawa

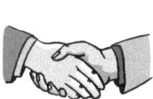

ཁམས་བཟང་།

hujambo

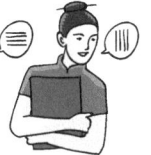

ཡིག་སྒྱུར་བ།

mtafsiri

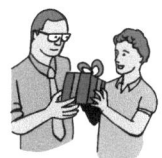

ཐུགས་རྗེ་ཆེ།

Asante

ག་ཚོད་རེད།

kiasi gani ni ...?

དགོ་མ་ཤེས།

Sielewi

རྫོག་ན།

tatizo

དགོང་མོ་བདེ་ལེགས།

Jioni njema!

ཞུ་རྟོ་བདེ་ལེགས།

Habari za asubuhi!

མཚན་མོ་བདེ་ལེགས།

Usiku mwema!

ག་ལེར་ཕེབས།

kwa heri

ཁ་ཕྱོགས།

mwelekeo

ཅ་ལག

mizigo

ལྦག་མ།

mfuko

རྒྱབ་ཁུག

shanta

མགྲོན་པོ།

mgeni

ཉལ་ཁྲི།

chumba

ཉལ་ཁུག

begi la kulalia

གུར།

hema

རྱལ་སྐྱོར་ཁ་འཕྲིན།

taarifa ya utalii

མཚོ་ཁའི་གྱུས་ཐང་།

ufuo

ཡིད་རྟོན་ཤུད་བྱ།

kadi

ཞོགས་ཟས།

kifunguakinywa

དགུང་ས་ཚ།

chakula cha mchana

ནུབ་ཚ།

chakula cha jioni

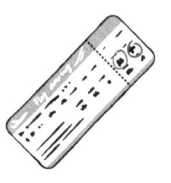

པ་སེ།

tiketi

སློག་སྒམ།

kuinua

ཐེལ་ཚེ།

muhuri

མཐའ་མཚམས།

mpaka

སྐྱོ་ཁྲལ།

mila

གཞུང་ཚབ་ཅན་པོའི་ལས་ཁུངས།

ubalozi

མཆན་བཀོད་ལག་ཁྱེར།

visa

ལག་འཁྱེར།

pasipoti

གནམ་གྲུ།
ndege

གྲུ་གཟིངས།
meli

མེ་གསོད་འཕྲུལ་ཆས།
injini ya moto

ཐེག་འདྲེན་རླངས་འཁོར།
lori

སྤྱི་སྤྱོད་རླངས་འཁོར།
basi

མོ་ཊ་གྲུ།
motaboti

རླངས་འཁོར།
gari

རྐང་འཁོར།
baiskeli

ཀོ་ཤ།
feri

གྲུ།
mashua

འཕུལ་རྟ།
pikipiki

བདེ་སྲུང་སྤྱལ་འཁོར།
gari la polisi

རྩལ་འཁོར་འགྱུན་བསྒྱུར།
gari la mashindano

གྲུ་འབབ་རླངས་འཁོར།
gari la kukodisha

རྡུངས་འབོར་བགོ་འབྱེམས་བྱེད་པ།

kushiriki gari

འདུད་འབོར་ཆག་སྐྱོན།

lori la kuvuta

འདུད་འབོར།

ukusanyaji taka

མོ་ཊ།

motor

བུད་ཤིང་།

mafuta

རྫོ་སྣུམ་ས་ཚིགས།

kituo cha mafuta

འགྱིམ་འགུལ་གྱི་མཚོན་རྟགས།

ishara trafiki

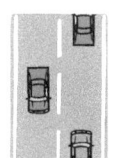

འགྱིམ་འགུལ།

trafiki

འགྱིམ་འགུལ་འགག་པ།

msongamano

རྡུངས་འབོར་འཛོག་པ།

maegesho

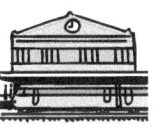

མེ་འབོར་འབབ་ཚིགས།

kituo cha treni

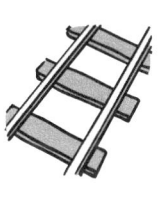

ལམ་ཆད།

reli

མེ་འབོར།

garimoshi

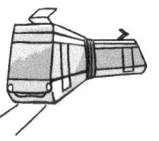

གློག་སྐུལ་གྱི་སྦོད་ཀྱི་འབོར་ལམ།

tremu

ཤིང་རྟ་འབོར་ལོ།

gari la mizigo

ཧེ་འཕུར་གནམ་གྲུ།

helikopta

གནམ་གྲུ་ས་ཚིགས།

uwanja wa ndege

ལྟོག་ལྟོག་མཁར།

mnara

འགྲུལ་པ།

abiria

སྒྲོད་ཆས།

chombo

ཤོག་སྒྲོམ།

katoni

ཤིང་རྟ།

mkokoteni

གཟེད་མ།

kikapu

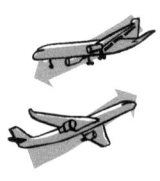

མཆོང་བ།

ondoka

 གྲོང་ཁྱེར།

jiji

ཕྱི་བ།

kijiji

གྲོང་ཁྱེར་གྱི་ལྟེ་བ།

katikati ya jiji

ཁང་པ།

nyumba

སློག་བརྣན་ཁང་།
sinema

བསྒྲགས།
tangazo

ལམ་སྟོང་།
taa za mitaani

གཞུང་ལམ།
barabara

སྐྱ་རྒྱག་མོ་ཊ།
teksi

ཁ་བ་ཚོང་ཁང་།
duka la vitafunio

རྐང་ཐང་པ།
mtembea kwa miguu

ལམ་དོས།
njia ya waenda kwa miguu

འཕྱུར་བཅུད་རྫས་ལམས།
kivuko

གད་སྣོད་གསར་རྒྱག་སྤྱོད།
pipa

བཞི་མདོ།
kuvuka

འགྱུར་འགུལ་སློག་བརྟ།
taa za trafiki

ཁང་ཆུང་།
kibanda

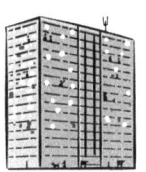

ཁང་པ།
gorofa

མེ་འཁོར་འབབ་ཚིགས།
kituo cha treni

གྲོང་སྐྱིད་ཀྱི་ཚོགས་ཁང་།
ukumbi wa mji

འགྲེམས་སྟོན་ཁང་།
Makavazi

སློབ་གྲྭ།
shule

སློབ་གྲྭ་ཆེན་མོ།

chuo kikuu

དངུལ་ཁང་།

benki

སྨན་ཁང་།

hospitali

མགྲོན་ཁང་།

hoteli

སྨན་སྒྲོམ་ཁང་།

duka la dawa

ལས་ཁངས།

ofisi

དཔེ་ཁང་།

duka la kitabu

ཚོང་ཁང་།

duka

མེ་ཏོག་ཚོང་མཁན།

duka la maua

ཉོ་ཆགས་འཚོང་ར།

dukakuu

ཁྲོམ་ར།

soko

ཉེ་ཚོན་ཚོང་ཁང་།

idara ya kuhifadhi

ཉ་ཚོང་མཁན།

mwuza samaki

ཚོང་ཁང་ཕྱི་གནས།

kituo cha ununuzi

གྲུ་ཁ།

bandari

སྐྱེད་ཚལ།

Hifadhi

རྒྱབ་གུག་ཉར་སྟོ།

benki

ཟམ་པ།

daraja

ཐེམ་སྐས།

vidato

ས་འོག་གི།

chini ya ardhi

རི་སྦུག་ལུགས་ལམ།

handaki

རྒྱད་འཁོར་འབབས་ཚིགས།

kituo cha mabasi

ཆང་ཁང་།

bar

ཟ་ཁང་།

mgahawa

ཡིག་སྐས།

sanduku la posta

ལམ་གྱི་མཚོན་རྟགས།

ishara ya barabara

འཛོལ་སྒྲ་རེའི་རེད་སྲིག

mita ya maegesho

གཅན་གཟིག་ཁང་།

bustani ya wanyama

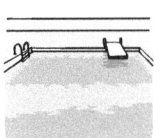

རྒྱལ་སྟེང་།

kidimbwi cha kuogelea

ཁ་ཆེའི་ལྷ་ཁང་།

msikiti

ཞིང་ར།
shamba

འབགས་བཙོག
uchafuzi

དུར་ས།
makaburini

ལྷ་ཁང་།
kanisa

རྩེད་ཐང་།
uwanja wa michezo

ལྷ་ཁང་།
hekalu

ཡུལ་སྐོར་ས།

mazingira

ཡོ་མ།
jani

ཡུལ་རྟགས།
ishara ya mwelekeo

ལམ།
njia

སྨྱུང་སྐོར་ས།
malisho

ཉེ་འབང་ཡུལ་སྐོར་ས།
mtembeaji wa masafa

རྡོ།
jiwe

ཤིང་པོ།
mti

ཆུ་བོ།
mto

ཀླུ།
nyasi

མེ་ཏོག
ua

གྱུང་།

bonde

རི་མོ།

kilima

མཚོ།

ziwa

ནགས་ཚལ།

msitu

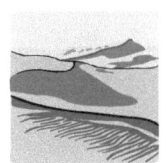

བྱེ་ཐང་

jangwa

མེ་རི།

volkano

ཕ་བྲང་།

ngome

འཇའ་ཚོན།

upinde wa mvua

ཤ་མོ།

uyoga

ཏ་ལའི་ཤིང་།

mtende

དུག་སྦྲང་།

mbu

སྦྲང་བུ།

kuruka

གྲོག་མ།

chungu

བུང་སྦྲང་།

nyuki

སྦོམ།

buibui

སྦུར་ཉ་བ།

mende

སྦལ་པ།

chura

ཐང་ལི།

kuchakuro

ཀྲུན་མོ།

nungunungu

རི་བོང་།

sungura

འུག་པ།

bundi

བྱ།

ndege

ངང་དཀར།

swan

ཕོ་ཐག

nguruwe mwitu

ཤ་བ།

kulungu

རྟ་མོང་ཤྭ་བ།

aina ya kongoni

ཆུ་རབས།

bwawa

རླུང་གི་འཕྲུལ་ཆས།

tabo ya upepo

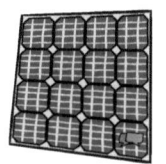

ཉི་མའི་བཤུགས་སོལ་ཚོགས་ཆས།

nishaji ya jua

ནམ་ཟླ།

hali ya hewa

mgahawa

ཞབས་ཞུ་བ།
▶ mhudumu

ཚོད་ཐོ།
▶ menyu

ཀུབ་ཆས།
▶ kiti

ཕི་ཚ།
▶ piza

ཐུད།
▶ supu

སློག་ཟས།
▶ kitambaa cha mezani

གྲི་རིགས།
▶ vilia

ཟ་མ་དང་པོ།

kiamsha hamu

གཙོ་ཚལ།

kozi kuu

མངར་ཟས།

kitindamlo

འཐུང་བ།

vinywaji

ཁ་ལག།

chakula

མེལ་དར།

chupa

མགྱོགས་ཟས།

chakula cha haraka

སྲང་གི་ཟས་ཞིམ།

Streetfood

ཇ་འབག

buli

མངར་པོར།

kisanduku cha sukari

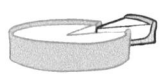

དུམ་བུ།

sehemu

ཚིག་སྐྲ་འཕུལ་ཆས།

mashine ya espresso

རྐང་མཐོ་ཀྲུབ་སྟེགས།

kiti kirefu

ཧྲོ་ཡིག

muswada

ཤིང་ཐོལ།

trei

ཟ་གྲི།

kisu

ཟས་ཚིབ།

uma

ཞེམ་བུ།

kijiko

ཐུར་མ།

kijiko cha chai

ལག་རས།

nepi

ཤེལ་ཕོར།

glasi

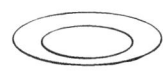

སྣོད་མ།

sahani

ཐབ་ཕོར།

sahani ya supu

སྡེར་དཔྱིབས།

sufuria

སྦོད་རྫས།

mchuzi

ཚྭ་ཁོག

kichanyaji chumvi

གཡེར་མ་འཐག་འཁོར།

kinu cha pilipili

ཆང་།

siki

སྣུམ།

mafuta

སྨན་སྣུ།

viungo

ཞེ་ཅུ་ཙྭ།

kechapu

སེ་ཙི།

haradali

སྦོང་མེ་ར་ཅན།

kachumbari nzito

སྣ་ཚོགས་ཁྲོམ་ར།

dukakuu

དམིགས་བསལ་གྱི་རིན་གོང་།
ofa maalum
FOR
མགོ་མཁན།
mteja
འོ་རྫས།
maziwa
ཤིང་ཏོག
matunda
འདྲུད་འཐེན་འཁོར་ལོ།
toroli

BUTCHERS

བཤས་ཚོང་།

mchinjaji

BAKERY

བག་ལེབ་ལས་མཁན།

mwokaji

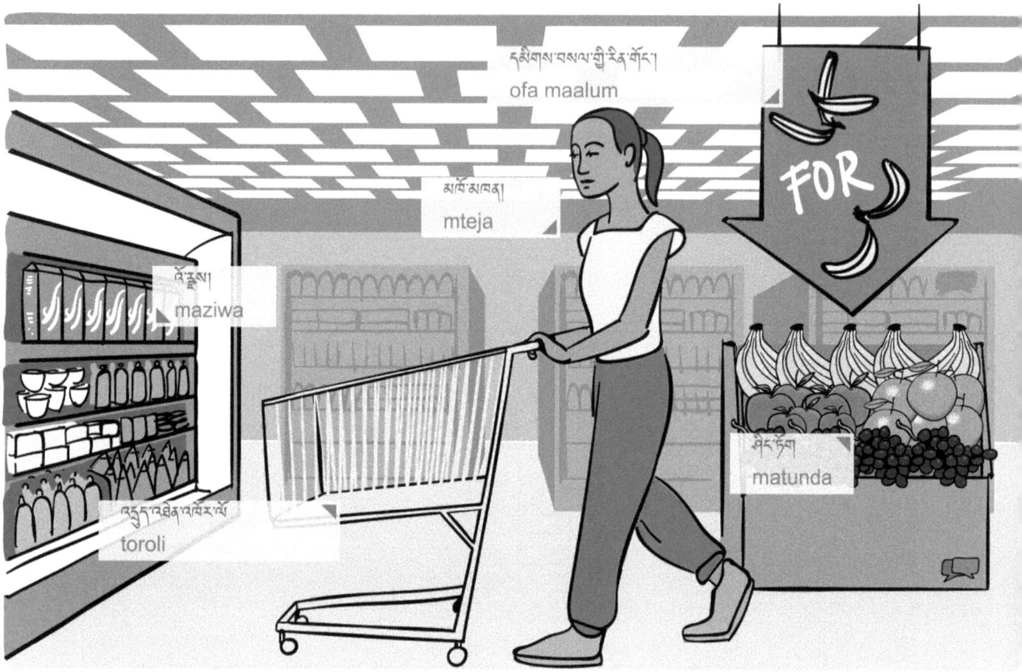

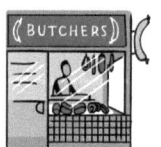

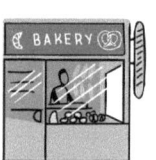

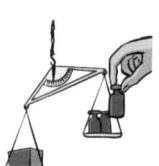

ལྗིད་ཚོད་འཕྱོགས་པ།

uzito

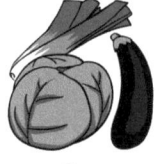

ཚོད་མ།

mboga

ཤ།

nyama

འཁྱགས་ཟས།

chakula waliohifadhiwa

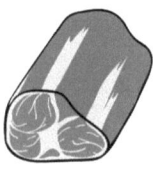

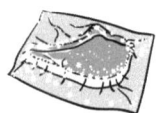

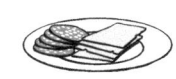

ཤ་གྲུད།

vipande vya nyama baridi

ཀྱིན་བཙོག་པའི་ཟ་མ།

chakula cha kopo

ཁྲུས་བུལ།

sabuni ya unga

མངར་ཟས།

pipi

ཕྱིས་ཆས།

bidhaa za kaya

ཕྱིན་རྫས་གཙང་མ།

bidhaa za kusafisha

འགྲེམ་ཚོང་མཁན།

mtu mauzo

དངུལ་སྒྲོམ།

mpaka

དངུལ་གཉེར།

keshia

དངོས་ཚེ་ཞིབ་ཡིག

orodha ya manunuzi

སྒོ་འབྱེད་དུས་ཚོད།

masaa ya ufunguzi

དངུལ་ཁུག

mkoba

ཡིད་རྟོན་བྱང་བུ།

kadi

ཁུག་མ།

mfuko

འགྲིག་ཤོག

mfuko wa plastiki

ཆུ།

maji

ཤིལ་ཆུ།

sharubati

འོ་མ།

maziwa

ཁུ་ནག

coke

རྒུན་ཆང་།

mvinyo

སྦུར་ཆང་།

bia

ཆང་རིགས།

pombe

ཀོ་ཀོན།

kakao

ཇ།

chai

ཁོག་ཇ།

kahawa

ཆིག་ཇ།

spreso

ཀ་པའུ་ཆི་ནོ།

kapuchino

ངང་ལག

ndizi

ཀུ་ཤུ།

tufaha

ཚ་ལུ་མ།

machungwa

གྲུ་ཚི་ག་གོན།

tikiti

ལེ་མོན།

lemon

ལཔ་སེར

karoti

སྐོག་པ།

kitunguu saumu

སྨྱུག་མ།

mianzi

ཙོང་།

kitunguu

ཤ་མོ།

uyoga

འབྲུ་སྨྱོ་གས།

karanga

སྲུག་མ།

nudo

ཇ་ཐུག

spageti

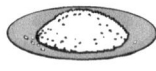

འབྲས

mpunga

གུང་ཚལ

saladi

ཆེ་པ་སེ

vibanzi

ཡོངས་མ་སྲེག་པ

viazi vya kukaanga

ཕི་ཚ

piza

ཤེམ་བུ་སྒ

hambaga

བག་ལེབ་སྦྲ་ཕྱི་ཙི

sandwichi

ཤ་ཉིག་གཏོགས

kipande

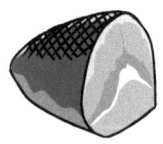

ཕག་ཤ་དུང་མ

paja la mnyama

ས་ལ་མི

salami

རྒྱུ་མ

soseji

བྱ་ཤ

kuku

སྲེག་པ

choma

ཉ

samaki

ཡུག་གུ།

oats ya uji

སྐྱོ་རི་ལི།

muesli

ཨ་ཤོམ་ལེབ་མོ།

cornflakes

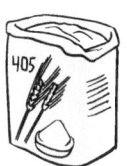

ཕྱེ་མ།

unga

སྐུང་རི།

kroisanti

བག་ལེབ།

andazi

བག་ལེབ།

mkate

བག་ལེབ་ཏིག་གཞོགས་སྲེག་མ།

mkate wa kubanika

སྐུར་ཤོབ

biskuti

མར།

siagi

ཆོ།

maziwa mgando

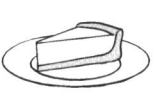

བག་ལེབ་མོབ་མོག

keki

སྒོང་ང་།

yai

སྒོང་ང་བརྔོས་མ།

yai kukaanga

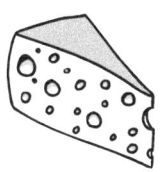

ཕྱུར་མ།

jibini

ཁ་ལག། - chakula

འཁྱགས་ཞོ།

aiskrimu

པྱེ་མ་ཀ་ར།

sukari

སྦྲང་རྩི།

asali

ཕྱེ་སྲུམ།

jemu

ཅོག་ལེ་ཅུང་།

kuenea kwa chokoleti

སྣ་མེ་མ།

mchuzi wa viungo

shamba

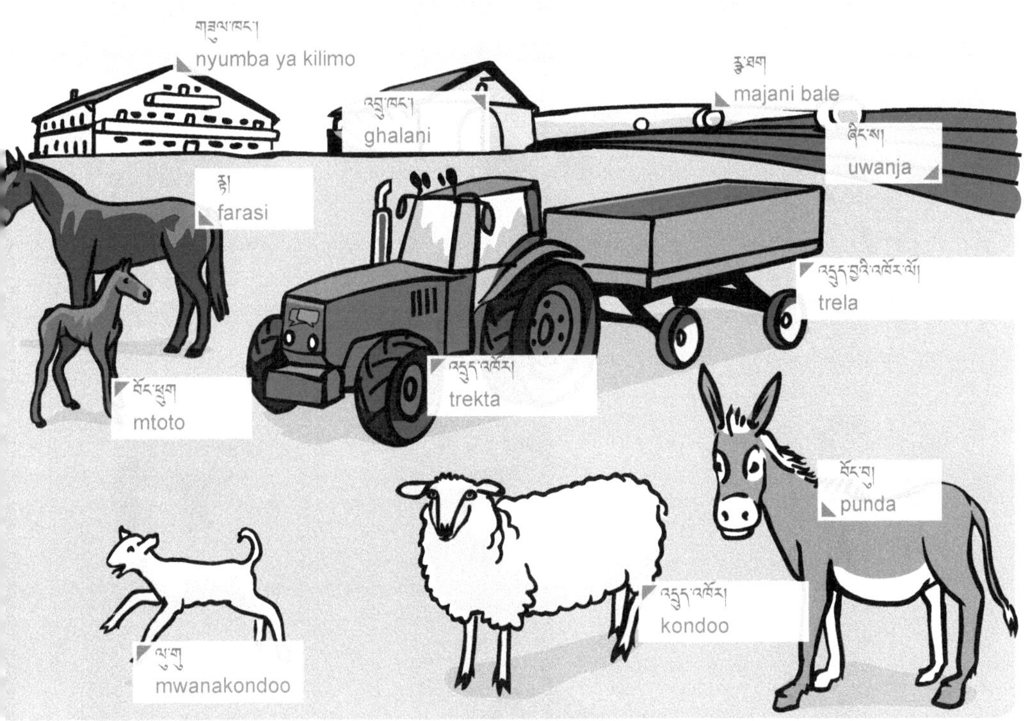
གཟུལ་ཁང་།
nyumba ya kilimo
འབྲུ་ཁང་།
ghalani
རྩྭ་ཐག
majani bale
ཞིང་ས།
uwanja
རྟ།
farasi
འདྲུད་བྱའི་འཁོར་ལོ།
trela
ཐོང་ཕྲུག
mtoto
འདྲུད་འཁོར།
trekta
བོང་བུ།
punda
འདྲུད་འཁོར།
kondoo
ལུ་གུ
mwanakondoo

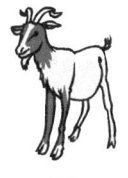

ར་མ།

mbuzi

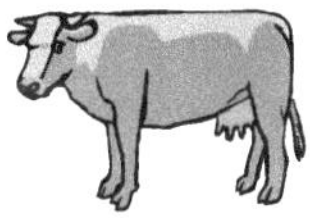

བ་མོ།

ng'ombe

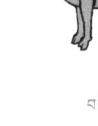

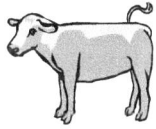

བེའུ།

ndama

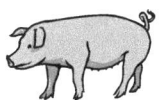

ཕག་

nguruwe

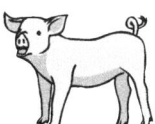

ཕག་ཕྲུག

mwananguruwe

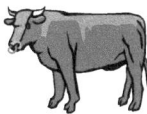

གླང་།

fahali

དང་པ།
....
batabukini

བྱ་གག
....
bata

བྱིའུ་ཕྲུག
....
kifaranga

བྱ་མོ།
....
kuku

བྱ་ཕོ།
....
jogoo

ཕྱི་བ།
....
panya

ཞི་མི།
....
paka

ས་ཕྱི་ལིག
....
panya

བ་གླང་།
....
ng'ombe

ཁྱི།
....
mbwa

ཁྱི་ཁང་།
....
nyumba ya mbwa

མེ་ཏོག་ལྗོངས་སྣུམ་འདེབ་ཁང་པ།
....
bomba la bustani

ཆུ་འདྲེན་པའི་ལྗགས་ཉིན།
....
debe la kumwagilia maji

ཚོར་བ།
....
fyekeo

ཞིང་གཤོལ།
....
kulima

ཚོན་མ།

mundu

འཛོར།

jembe

རྩྭ་སྐམ་གྱི་ལག་དཔག

uma wa nyasi

སྟ་རེ།

shoka

འཁོར་ལོ་གཅིག་མ།

toroli

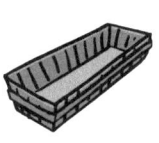

དཀར་མ།

kupitia nyimbo

འོ་ཛོ།

chombo cha maziwa

སོ་ཁག

gunia

ར་བ།

ua

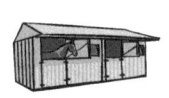

བཅུན་པོ།

imara

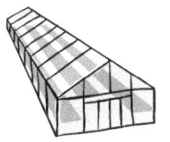

རྫོ་དཁང་།

chafu

ས།

udongo

འབུ།

mbegu

ཚོ་ལུད།

mbolea

མཚམས་བསྡུ་འཕྲུལ་འཁོར།

kivunaji

སྟོན་བསྡུ་བ།

mavuno

ཐོན་འབབ།

mavuno

རི་སྨན།

viazi vikuu

འབྲོ།

ngano

རྫར་ཡས།

soya

ཕོང་མ།

viazi

མ་རྫོས་ལོ་ཏོག

mahindi

ཡུངས་དཀར་འབྲུ།

rapa

ཤིང་ཏོག་སྡོང་།

mti wa matunda

ཞོག་ཁོག་མངར་མོ།

muhogo

འབྲུ་རིགས།

nafaka

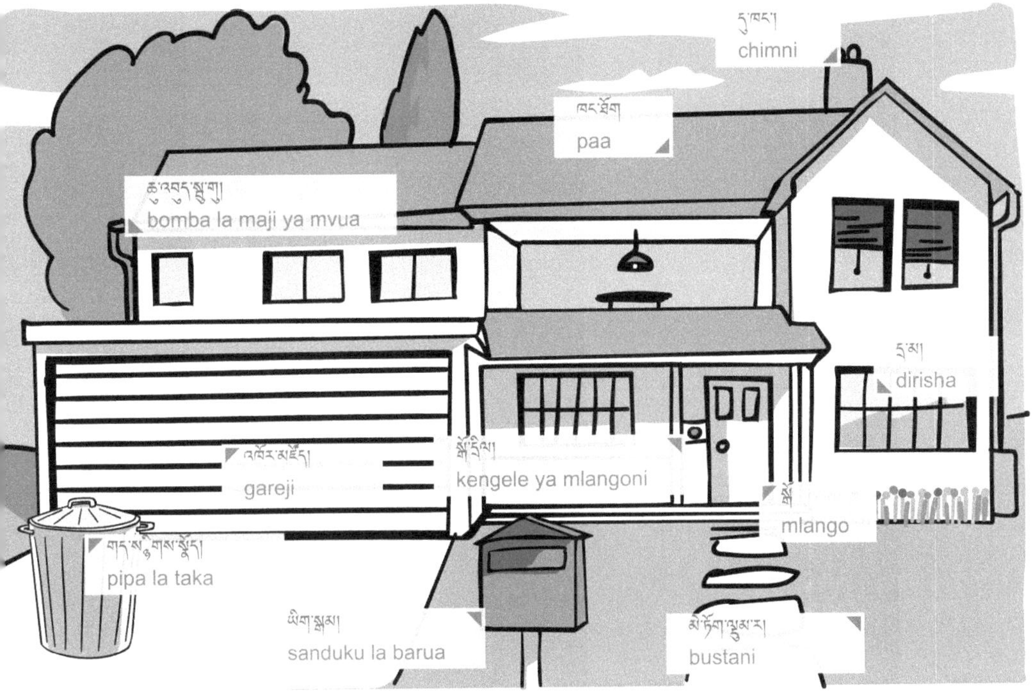

nyumba

 དུད་ཁུང་།
chimni

ཁང་ཐོག
paa

ཆུ་འབུད་སྤུ་གུ།
bomba la maji ya mvua

དུ་མ།
dirisha

ཀྱོར་མཚེད།
gareji

སྒོ་དྲིལ།
kengele ya mlangoni

སྒོ།
mlango

གད་སྣོད་གནས་སྤྱོད།
pipa la taka

ཡིག་སྒམ།
sanduku la barua

མེ་ཏོག་ལྡུམ་ར།
bustani

སྦུད་ཁང་།
sebuleni

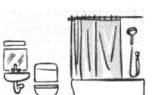

འཁྲུས་ཁང་།
bafu

ཐབ་ཚང་།
jikoni

ཉལ་ཁང་།
chumba cha kulala

ཕྲུ་གུའི་ཁང་པ།
chumba ya mtoto

ཁ་ལག་ཟ་ས།
chumba cha kulia

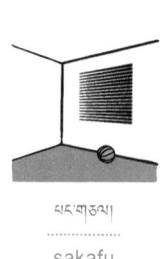

པང་གཅལ།
sakafu

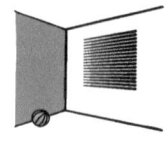

གྱང་།
ukuta

གནམ་གཅལ།
dari

ས་འོག
pishi

ཚུངས་ཁུས།
sauna

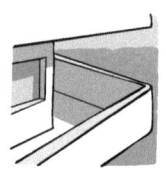

འདིངས་གཡབ།
roshani

སྐས་ཞིང་།
mtaro

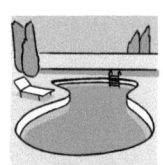

རྡིང་བུ།
kidimbwi

རྩྭ་འབྲེག་འཕྲུལ།
mashine ya kukata nyasi

ལེབ་མོ།
karatasi

ཉལ་ཁྲིའི་ཁེབས།
kitambaa cha kupamba kitanda

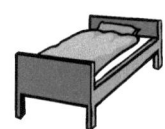

ཉལ་ཁྲི།
kitanda

ཕྱགས་མ།
ufagio

ལ་ཆགས་ཞིག
ndoo

མཐུད་སྒྲོ།
kubadili

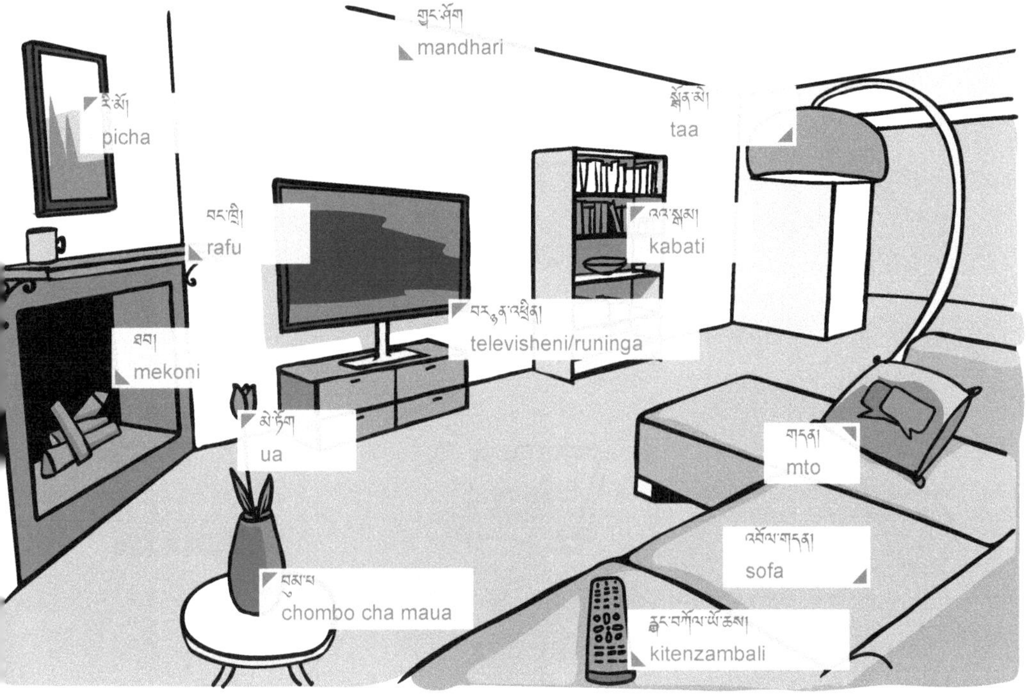

sebuleni

གྱང་ཤོག
mandhari

རི་མོ།
picha

སྒྲོན་མོ།
taa

བ་དྲི།
rafu

འབའ་སྐམ།
kabati

ཐབ།
mekoni

བརྙན་འཕྲིན།
televisheni/runinga

མེ་ཏོག
ua

གདན།
mto

འབོལ་གདན།
sofa

གསལ།
chombo cha maua

རྒྱང་བཀོལ་ལོ་ཆས།
kitenzambali

ས་གདན།
zulia

ཡོལ་བ།
pazia

ཅོག་ཙེ།
meza

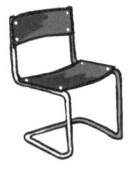

ཀུབ་རྒྱུག
kiti

འབག་ཕྱོགས་འགུལ་ཀུབ་སྟེགས།
kiti cha bembea

ཀུབ་ཀྱུག་ལག་འཇུ་ཅན།
armchair

དཔེ་དེབ།
kitabu

ཉལ་ཐུལ།
blanketi

ཉེར་བཀོད།
mapambo

མེ་ཤིང་།
kuni

གློག་བརྙན།
filamu

བསྟབས་བསྒྲིགས་སྣ་ཆས།
kifaa cha hi-fi

སྒོ་ལྡེ།
ufunguo

གསར་ཤོག
gazeti

ཚོན་ཕྲིས།
uchoraji

གསར་བསྐྲུན་གསུར་ཡིག
bango

རླུང་འཕྲིན།
redio

ཐིན་ཕྲིས།
daftari

རྫས་ཕྱགས།
kifyonza

རྒྱ་ཤིང་།
dungusi kakati

ཡང་ལ།
mshumaa

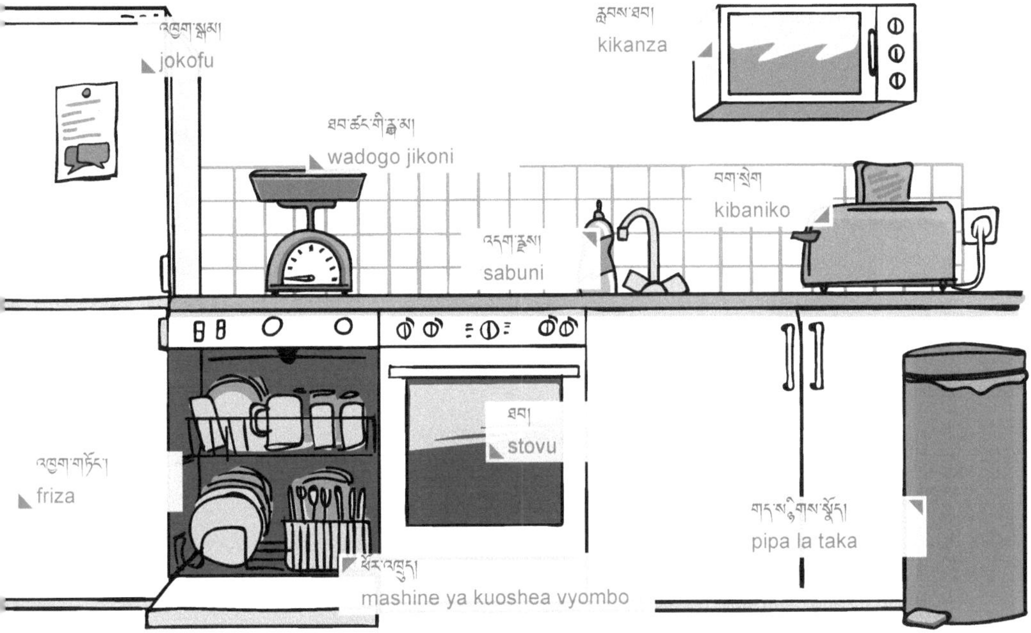

འཁྱག་སྒམ།
jokofu

ཀྲབས་ཐབ།
kikanza

ཐབ་ཚང་གི་རྩ་མ།
wadogo jikoni

བག་སྲེག
kibaniko

འདག་རྫས།
sabuni

ཐབ།
stovu

འཁྱག་གཏོང་།
friza

གད་སྙིགས་སྣོད།
pipa la taka

ཕོར་འཁྲུད།
mashine ya kuoshea vyombo

དཔགས་རྫིག
jiko la kupika

ཟ་འབག
chungu

ལྕགས་ཟངས།
sufuria ya chuma

སྐྱོང་།
wok / kadai

ཆོད་སྐྱོང་།
kaango

ཇ་ཕྲིལ།
birika

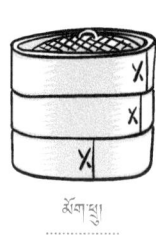

སྨོག་སྒམ།

stima

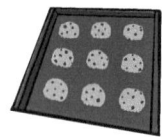

བསྙོགས་སྣེམ།

sinia ya kuoka

སྣོད་ཆས།

vyombo vya udongo

ཀོ་རེ།

kombe

ཕོར་པ།

bakuli

ཐུར་མ།

vijiti vya kulia

གཟར་བུ།

ukawa

སྒྲེ།

mwiko mpana

དཀྲུག་ཐུར།

burashi

ཚགས་སྣུགས།

kichujio

ཚགས་སྐ།

chujio

ཞིབ་ཕུག་འཕྲུལ་འཁོར།

mbuzi

སྤྱོག་ཅིང་།

chokaa

ཁ་བསྲེགས།

barbeque

མེ་སྤྱོགས།

moto wazi

ཚོད་པད།

ubao wa majaribio

སྐྱིལ་ཞིབ།

kijiti cha kusukuma unga

ཞད་བ་བཏོལ།

kizibuo

ལྕགས་ཀྱི།

kopo

ལྕགས་ཀྱི་ཁ་འབྱེད་ཆས།

inaweza kopo

བོ་སྨོས།

kishikio cha chungu

ཆུ་ཤད།

karo

སྤུ་ཤད།

brashi

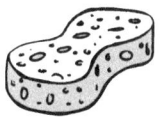

འགྲིག་སོབ

sifongo

སྤུད་དཀྱག་འཁྱུལ་འཁོར།

kisagaji matunda

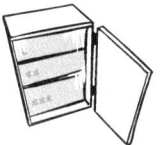

འཁྱག་ཟབ་འཁྱུལ་འཁོར།

friji ya kina

བིས་པའི་ཞུར།

chupa ya mtoto

སྤུ་ག།

bomba

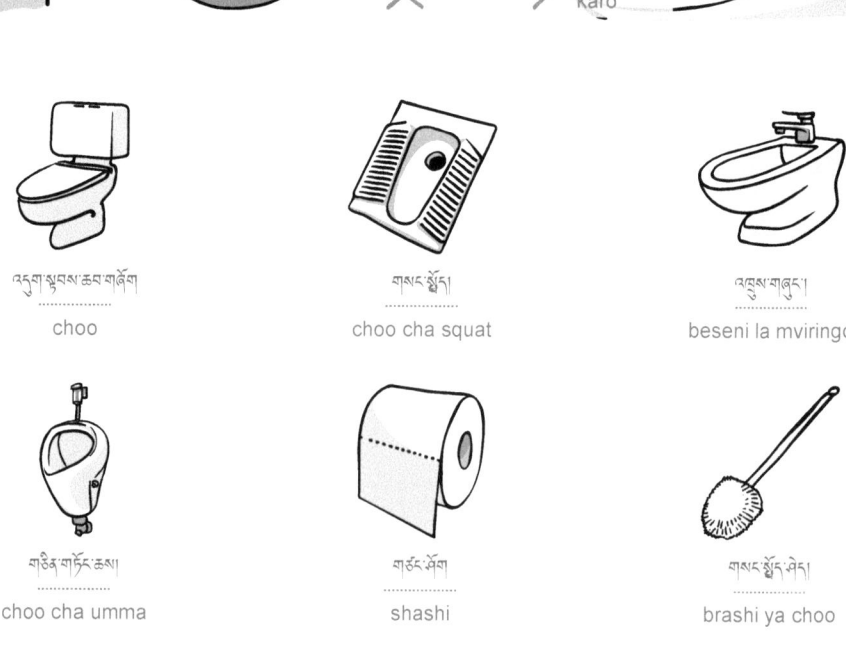

འཁྲུས་ཁང་།

bafu

ནོད་རྫངས་མགོ་འདོན།
joto
ལུས་ཕྱིས།
taulo
འཁྲུ་ཆས
mfereji wa kuogea
ཁྲུས་ཡོལ།
pazia la kuogea
ལྷུ་ཁྲུས།
maji ya kuoga yenye povu
འཁྲུས་གཞོང་།
hodhi
ཤེལ་ཕོར།
glasi
གོས་འཁྲུད་འཕྲུལ།
mashine ya kuosha
ཕ་གུ
vigae
སྦུ་གུ
bomba
ཆབ་གཞོང་།
poti
ཕྱ་ཤུར།
karo

འདུག་སྟབས་ཆབ་གཞོག

choo

གསང་སྤྱོད།

choo cha squat

འཁྲུས་གཞོང་།

beseni la mviringo

གཅིན་གཏོང་ཆས།

choo cha umma

གཙང་ཤོག

shashi

གསང་སྤྱོད་ཤེད།

brashi ya choo

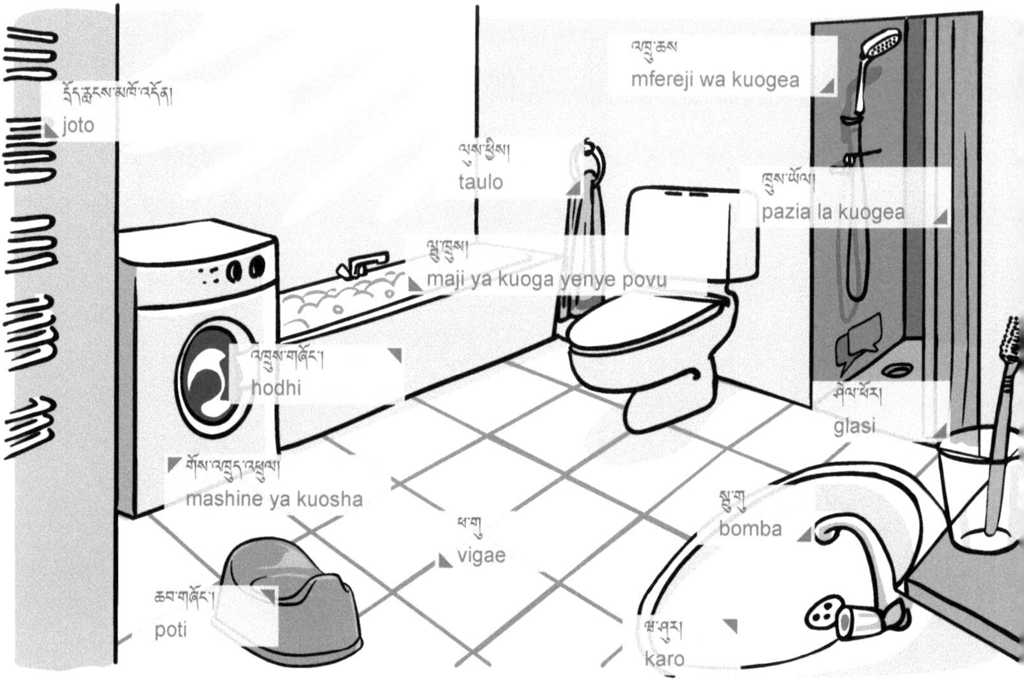

སོ་འབད།

mswaki

སོ་སྨན།

dawa ya meno

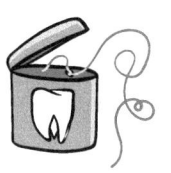

སོ་སྨན།

dawa ya meno

བཀྲུ་བ།

safisha

ལག་ཏུ་བཟུང་བའི་འཁྲུ་ཆས།

kuoga mkono

ཁྲུས།

msukumo wa maji

གཤོང་མ།

bonde

རྒྱབ་འཕད།

mpako wa pili

ཕྱིས་ཆལ།

sabuni

ཁྲུས་རྫིལ།

jeli ya kuogea

སྐྲ་འཁྲུད་རྫི་བ།

shampuu

ཕྱལ་ན་སྨ།

flana

ཚ་གཏོང་བ།

toa maji

སོ་སྨན།

krimu

དྲི་ཞིམ།

kiondoa harufu

མེ་ལོང་།

kioo

མེ་ལོང་།

kioo mkono

སྤུ་ར་བཞར་མ།

kinyozi

བཞར་བའི་སྤུམ།

povu la kunyoa

ཁ་སྤུ་བཞར་རྫས།

baada ya kunyoa

ཤད།

kichana

བརྱི།

brashi

སྐྲ་འབུད་འཁྱུལ་འཕྲོར།

kikausha nywele

འགྱིག་སྦྲིན།

marashi ya nyewele

མཛེས་པིར།

vipodozi

མཚུ་སྐུད།

kidomwa

སེན་སྐུད།

varnish ya msumari

བལ་ཕྲུམ།

pamba

སྨིན་ཚན།

mkasi wa kucha

རྒྱུ་དྲི་ཞིམ།

manukato

བཅུས་ལུག

mkoba wa kuosha

བཞད་ལ་ཙི་རོར་བ

kinyesi

ལུས་ཚ

mizani

བཅུས་གོས

nguo ya kuoga

འབྲིག་ཕྲིན་ལག་ཤུབས

glavu za mpira

སྐྱད་ལེབས

kisodo

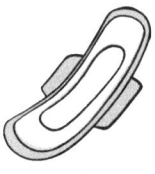

ཀྲུན་གོག

sodo

རྫས་འགྱུར་གསང་སྤྱོད

kemikali choo

chumba ya mtoto

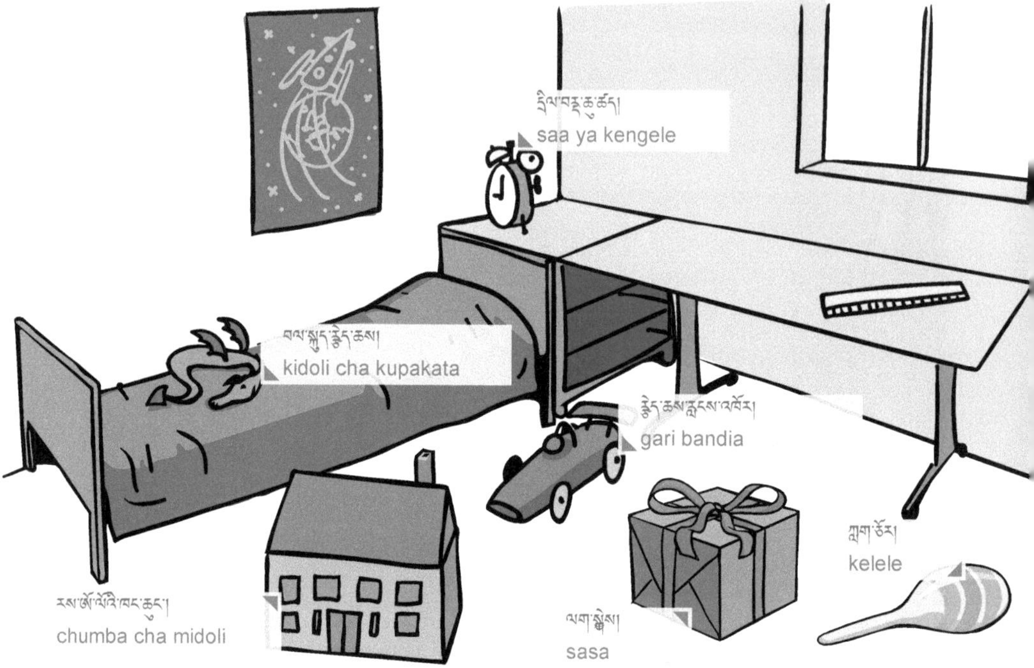

དྲིལ་བརྡ་རྒྱུ་ཆོས།
saa ya kengele

བག་སྦྱད་རྗེད་ཆས།
kidoli cha kupakata

རྩེད་ཆས་རླངས་འཁོར།
gari bandia

ཁྲ་ཆོས།
kelele

རས་འོ་པོའི་ཁང་ཆུང་།
chumba cha midoli

ལག་སྣེས།
sasa

དབུགས་སྣོད།
baluni

ཉལ་ཁྲི།
kitanda

བྱིས་པའི་འཁྱོགས་འབོར།
mashua

ཤོག་སྣོད།
staha ya kadi

རིས་བཀྲིག་རྗེད་ཆས།
mchezo-fumb

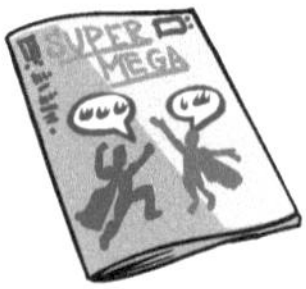

པ་འཕྲེལ་ཐེ་མོ།
vichekesho

བེ་གོ།
matofali lego

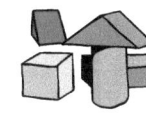

བཞིག་ཤིང་།
vitalu mwigo

དབྱིབས་འགྱུར་འཕུལ་མི།
hatua takwimu

ཁྱེའུ་ནར་མོ་ས།
suti ya kulalia

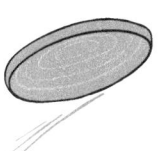

འཕར་སྒྱིད།
kisahani

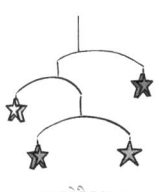

སྐུལ་བདེའི་རྩལ་ལག
simu

མིག་མངས་ཀྱི་རོལ་རྩེད།
ubao wa michezo

སོ་རྩེད།
kete

དཔེ་རྟེན་མེ་འཁོར།
garimoshi mwigo

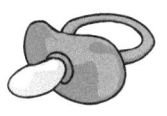

རྣུས་མ།
dummy

འདུ་ཚོགས།
chama

རི་མོའི་དཔེ་དེབ།
picha kitabu

པོ་ལོང་།
mpira

རྐས་ཨོ་གོ།
kikaragosi

རྩེད་མོ་རྩེད།
kucheza

ཤེ་དོད།

shimo la mchanga

འཕུང་རྟེད།

bembea

རྩེད་ཆས།

vitu bandia

རྩེད་འཕྲུལ།

kiweko cha video ya mchezo

འཁོར་གསུམ་འཁོར་ལོ།

baiskeli ya magurudumu

ཕའི་ཏི་ར་ཞུང་།

mwanasesere

གོས་སྒྲོམ།

kabati

matatu

རྐང་ཁུབས།

soksi

ཞབས་ས་ལུ།

stokingi

རྐང་ཁྲབས།

kibano

སྐེ་དཀྲིས།
skafu

གདུགས།
mwavuli

སྟོད་ཐུང་།
fulana

དོར་ཆས།
ukanda

ལྷམ།
viatu

བསིལ་ལྷམ།
ndara

རྩལ་སྦྱོང་གྱོན་ཆས།
wakufunzi

འདུད་ལྷམ།
malapa

ལྷམ།
viatu

འཁྲིག་ལྷམ།
mabuti ya mpira

ཤམ་རས།
suruali ya ndani

ནུད་ཞིབས།
sidiria

རྩལ་ལེན།
fulana

བུ་རྒྱུའི་གྱོན་ཆས།

mwili

རྐང་ཅོལ།

suruali

འཛིག

dangirizi

སྨད་གཡོགས།

sketi

ལོག་འཛུག

blauzi

སྟོད་ཐུང་།

shati

བལ་གྱིས།

vuta

ཞུ་ལྭ།

sweta

རྟེན་གོས་སྟོད་ལོ།

bleza

རྒྱ་གི་ཏེ།

jaketi

སྟོད་གོས།

koti

ཆར་གོས།

koti la mvua

གྱོན་ཆས།

maleba

གྱོན་གོས།

gauni

བག་གོས།

mavazi ya harusi

དྲུག་སློག

suti

ཨུལ་གོས

vazi la usiku

ཉལ་གོས

pajama

ས་རི

sari

མགོ་དགྱིས

skafu

ཕོད་དགྱིས

kilemba

སྟོད་ལ

burka

ཀ་ཧྲན

kaftan

ཨ་ལ་ཡ

abaya

རྐྱལ་གོས

vazi la kuogelea

བྱུད་གོས

vazi la kiume la kuogelea

དོར་སྤུད

kaptura

ལས་རྐྱལ་གྱིན་ཆས

teitei

ཕད་གདན

aproni

ལག་ཤུབས

glavu

སྐྱོག་བུ།

kifungo

མིག་ཤེལ།

glasi

ལག་གདུབ།

bangili

སྦེ་ཕྲེང་།

mkufu

ཙིགས་ཞིབས།

pete

རྣ་ལོང་།

herini

ཞྭ།

kofia

གོས་རྫོང་།

kiango cha koti

གུས་ཞྭ།

kofia

གོང་དཀྲིས།

tai

འཛེར་སྒྲོག

zipu

རྨོག

kofia

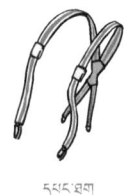

དཔུང་ཐག

kanda za suruali

སྦྱོ་གོས།

sare za shule

སྐྱོག་ཆས།

sare

ལྦུ་ཞིབས།
bibu

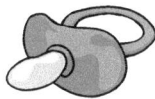

རྩུབས་མ།
dummy

རྩ་གདུས།
nepi

ཡིག་ཚེའི་སྒྲོམ།
kabati la kuweka faili

ཡིག་དཔར་ཚས།
kichapishaji

གསལ་ཞེན་པ།
seva

འཁར་ཞིལ།
kiwambo

ཤོག་བུ།
karatasi

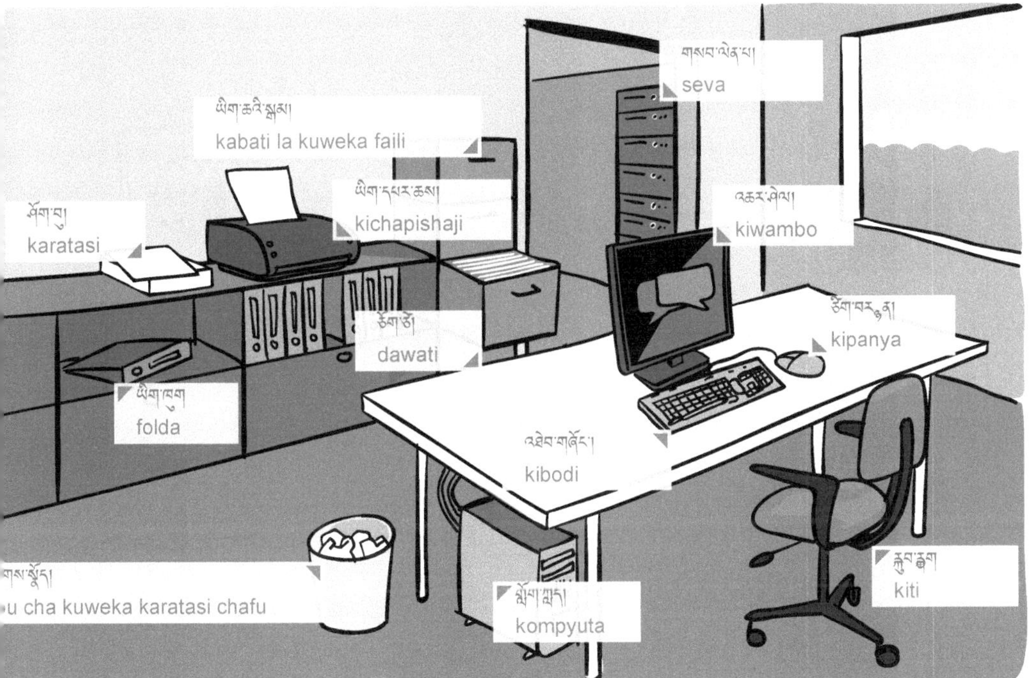

ཚིག་ཚོ།
dawati

ཙིག་བར་རྣ།
kipanya

ཡིག་ཁག
folda

འབྲེན་གཤོང་།
kibodi

གས་སྣོད།
u cha kuweka karatasi chafu

སློ་ག་གྲོད།
kompyuta

རྐུབ་ཁྲི།
kiti

རྩུབ་ཀ་ཕོ་རེ།
kmobe la kahawa

ཨང་རྩིས་འཕྲུལ་ཆུང་།
kikokotoo

དངུལ།
biashara

ལག་འཁྱེར་གློག་ཀླད།
....
mbali

ཡི་གེ
....
barua

འཕྲིན་ཕྲང་།
....
ujumbe

ལག་འཁྱེར་ཁ་པར།
....
rununu

དྲ་ལམ།
....
intaneti

བརྒྱར་དཔར་ཆས།
....
fotokopia

མཉེན་ཆས།
....
programu

ཁ་པར།
....
simu

སླར་གཏད།
....
soketi

རྔུད་འབོར།
....
kipepesi

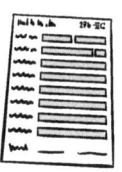

རེན་ཤོག
....
fomu

ཡིག་ཆ།
....
hati

བརྗེ།

kununua

དངུལ་སྒྱུར་བ།

kulipa

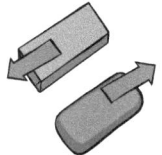

ཚོང་རྒྱག་པ།

biashara

སྒོར་མོ།

fedha

ཨ་སྒོར།

dola

ཡོ་སྒོར།

yuro

རི་གོར།

yeni

རབ་སྦྲེལ།

rouble

སུའེ་ཙེར་གྱི་རྒྱ་རབ་མིའི་སྒོར་མོ།

faranga ya Uswisi

རྒྱ་ནག་གི་སྒོར་མོ།

renminbi yuan

ཨེ་སྒྱུར། / INR

ལ་བི་པི།

rupia

ལག་དངུལ་གྱི་གནས།

eneo la kulipia

བརྗེ་འགྱུར་ལས་ཁངས།

ofisi ya ubadilishanaji

གསེར།

dhahabu

དངུལ།

fedha

སྣུམ།

mafuta

ནུས་ཤུགས།

nishati

རིན་གོང་།

bei

གན་རྒྱ།

mkataba

དཔྱ་ཁྲལ།

kodi

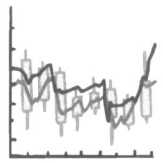

ཚོང་ཟོག

bidhaa

ལས་ཀ་བྱེད་པ།

kazi

ལས་བྱེད་པ།

mfanyakazi

ལས་ཀ་སྤྲོད་མཁན།

mwajiri

བཟོ་གྲྭ།

kiwanda

ཚོང་ཁང་།

duka

ཉེན་རྟོག་དམག་མི།
afisa wa polisi

མེ་གསོད་མཁན།
mzimamoto

གནམ་གྲུ་འཁོར་ལོ་བ།
rubani

སྨན་པ།
daktari

མ་བྱན།
mpishi

ལྡུམ་ར་བ།
mtunza bustani

ཤིང་བཟོ་བ།
seremala

ཚེམ་མཁན་མ།
mshonaji

ཁྲིམས་དཔོན།
hakimu

རྫས་སྦྱོར་མཁས་པ།
mwanakemia

གློག་བརྙན་འཁྲབ་སྟོན་པ།
muigizaji

ཁ་ལོ་བ།

dereva wa basi

སྐུ་ཚབ་རྣམ་འབོར་ཁ་ལོ་བ།

dereva wa teksi

ཉ་པ།

mvuvi

གཙང་སྦྲ་བྱེད་མཁན།

mwanamke wa kusafisha

ཁང་ཐོག་བཟོ་མཁན།

mwezekaji

ཞབས་ཞུ་བ།

mhudumu

རྔོན་པ།

mwindaji

ཚོན་རྩི་གཏོང་མཁན།

mchoraji

བག་ལེབ་ལས་མཁན།

mwokaji

གློག་བཟོ་མཁན།

umeme

ཨར་ལས་པ།

mjenzi

ཨར་ལས་འཆར་འགོད་པ།

mhandisi

བཤན་པ།

mchinjaji

ཆུ་ལས་བཟོ་སྐྲུག་པ།

fundi bomba

ཡིག་སྐྱེལ་བ།

mwanaposta

དམག་མི།

mwanajeshi

ཨར་ལས་པ།

msanifu majengo

དངུལ་གཉེར།

keshia

མེ་གཏོང་མཁན།

muuza maua

སྐྲ་བཟོ་མཁན།

msusi

སྐུ་འདྲེན།

kondakta

བཟོ་ལས་པ།

mekanika

འགྲོ་ཁྲིད།

nahodha

སོའི་སྨན་པ།

daktari wa meno

ཚན་རིག་པ།

mwanasayansi

འཇིན་སློབ་དཔོན།

rabbi

ཨི་མམ།

imamu

གྲྭ་པ།

mtawa

ཆོས་དོན་གཉེར་མཁན།

kasisi

སྤྱོད་ཆས།

zana

ཐོ་བ།
nyundo
འཛིམ་བྱེད་སྐམ་པ།
koleo
གཅུས་གཟེར་སྒྲིམ་བྱེད།
bisibisi
གཅུས་གཟེར་སྒྲིམ་བྱེད་སྐམ་པ།
spana
དཔལ་འབར།
kurunzi

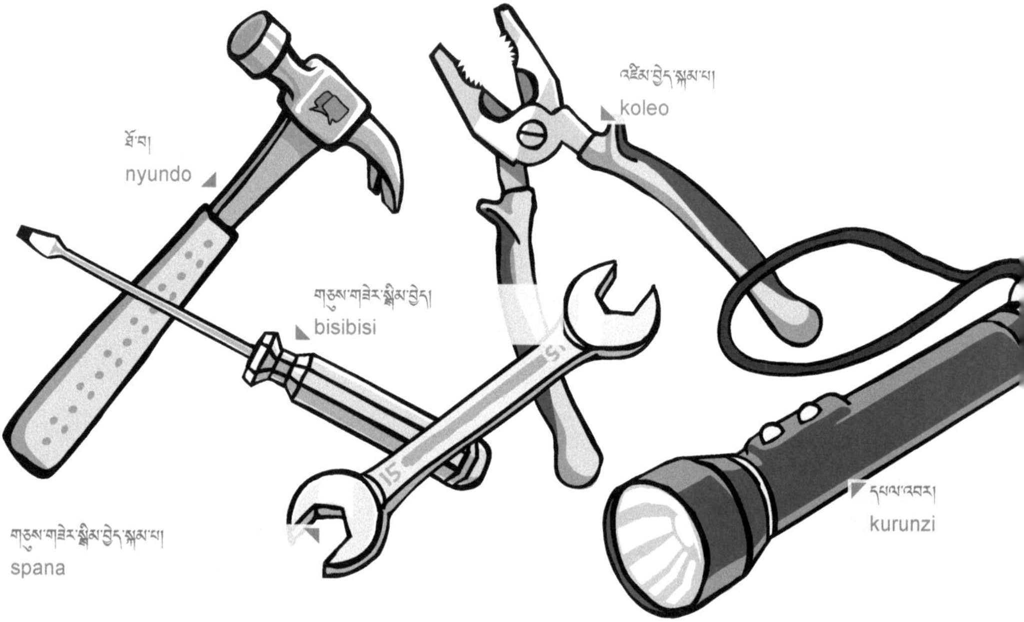

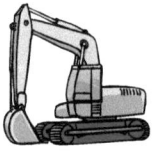

སྡོག་མཁན།

mchimbaji

སྤྱོད་ཆས་སྒམ།

sanduku la vifaa

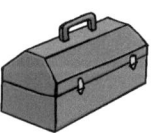

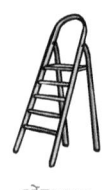

འཛེགས་སྐས།

ngazi

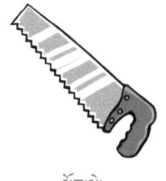

སོག་ལེ།

msumeno

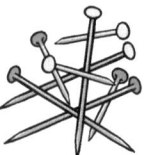

ལྕགས་གཟེར།

misumari

འབིགས་གསོར་འཕྲུལ་འཁོར།

kuchimba visima

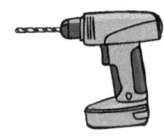

བཀྲོ་བཙོས་རྐྱག་པ།
....
kukarabati

སྐུག་མ།
....
sepetu

ཨ་མའི་ལག
....
Lo!

གད་གཅིགས་གཡགས་བྱེད་ལྕགས།
....
kishikio cha uchafu

སྣུམ་རྫོ།
....
chungu cha rangi

གཙུས་གཟེར།
....
skurubu

རོལ་ཆས།

ala za muziki

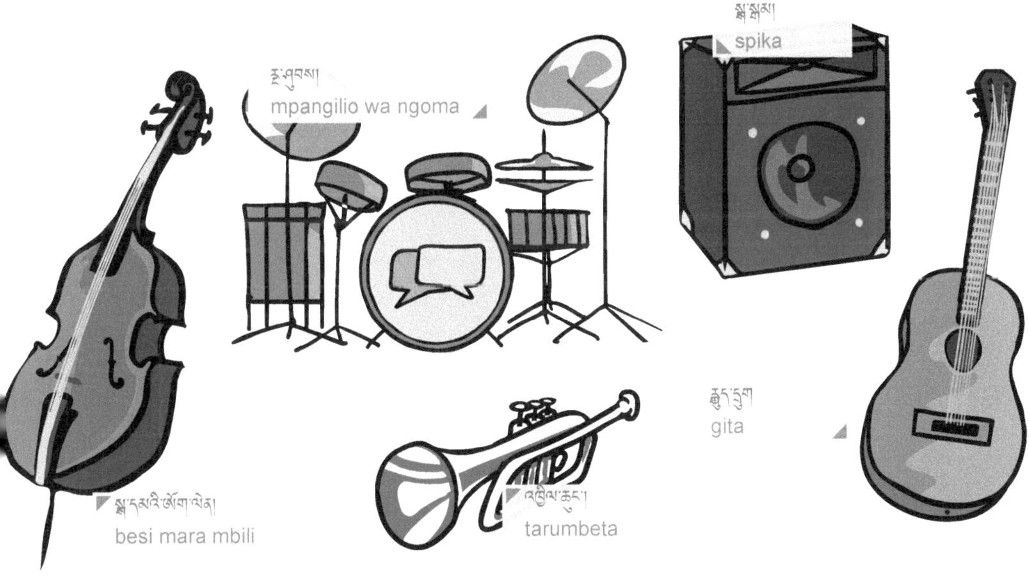

རྡུང་སྐུབས།
mpangilio wa ngoma

སྒྲ་སྒྲོམ།
spika

སྒྲ་དམའི་ཕྱོག་ལེན།
besi mara mbili

འབུག་ཆུང་།
tarumbeta

རྒྱུད་སྒྲུག
gita

རྒྱ་སྒྲིང་།

piano

འདེགས་ཆུང་།

fidla

སྒྲ་གདངས་དམའ་བ།

ubeji

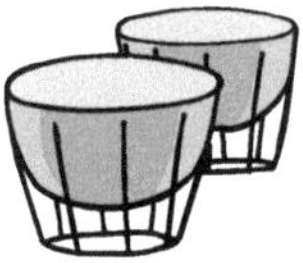

སྒྲ་སྒྲིག་རྔ་ལ།

timpani

རྔ།

ngoma

མཐེབ་གནོན་།

kibodi

སག་སེཕོན།

saksafoni

འཕྲེད་གླིང་།

filimbi

སྐད་སྒྲག

maikrofoni

bustani ya wanyama

ལྕགས་རི། lango la kuingia

སྟག simbamarara

གཟིག ngome

རྟ་ར། pundamilia

གཅན་གཟིགས་ཀྱི་ལྷོ་སྤྱོངྀར་བ། chakula cha mifugo

དོམ་ཁྲ། panda

སྦོག་རྩགས wanyama

གླང་ཆེན། tembo

ཀུ་རུ། kangaruu

བསེ་རུ། kifaru

མི་རྒོད། sokwe

དོམ། dubu

རྔ་མོང་།

ngamia

རྔ་མོང་གྱུ་ཆེན།

mbuni

སེང་གེ

simba

སྤྲེའུ།

tumbili

དང་པའི་ཀྲུང་ལ་པོ།

heroe

ནེ་ཙོ།

kasuku

དོམ་དཀར།

dubu

བྱ་ཆེན་པེད་གུན།

penguini

ཉ་ཆེན་མཆ།

papa

རྨ་བྱ།

tausi

སྦྲུལ།

nyoka

ཆུ་སྦྲུལ།

mamba

གཅན་གཟན་ཁང་གི་གཉེར་མཁན།

mtunza wanyama

མཚོ་གྱུང་།

muhuri

གཅན་གཟན་གཟིག

jaguar

ཡུལ་རྟ།

mwanafarasi

གཟིག

chui

མཚོ་ཕག

kiboko

ཤྭ་ཁ་ལེ་རིང༌།

twiga

ཁྲ།

tai

ཕོ་ཕག

nguruwe mwitu

ཉ།

samaki

རུས་སྦལ།

kobe

ཕྱི་ལ་རྭ།

sili

ཝ་མོ།

mbweha

དགོ་བ།

paa

michezo

ཨ་རིའི་རྐང་རྩེད་སྤོ་ལོ།
soka ya marekani

རྐང་སྒྲ་རི་ལ་བརྒྱུགས་པ།
uendeshaji baiskeli

ཊེ་ནི་སི།
tenisi

ལན་ཆེའི་སྤོ་ལོ།
mpira wa kikapu

ཆུ་སྦྱལ་བ།
kuogelea

གཟུག་མོ་དེད།
ndondi

ཐུག་གིའི།
magongo ya barafuni

རྐང་རྩེད་པོ་ལོ།
soka

བ་སྤྱོའི་སྤོ་ལོ་རྩེད་མོ།
vinyoya

ལུས་རྩལ་ལས་འགུལ།
riadha

ལག་རྩེད་པོ་ལོ།
mpira wa mikono

གངས་ཤུད་པ་ལེབ།
skii

པོ་ལོ།
polo

གད་མོ་དགོད་པ།
cheka

མཆོང་པ།
kuruka

འཁྱག་འཁྱུད་བྱེད་པ།
kumbatia

གོམ་པ་རྒྱག་པ།
kutembea

སྐྲ་ལེན་པ།
kuimba

རྗེ་ལག་གཏོང་པ།
ota ndoto

གསོལ་བ་འདེབས་པ།
kuomba

ཚོ་བྱེད་པ།
busu

འབྲི་བ།
kuandika

འབྲི་བ།
kuteka

རྟགས་ལ་སྟོན་པ།
angalia

འབུད་རྒྱག་གཏོང་བ།
sukuma

སྤོད་པ།
kutoa

ལེན་པ།
kuchukua

ཡོད་དག

kuwa

ཐེད་དག

fanya

ཨིད་དག

kuwa

ལངས་པ།

kusimama

རྒྱུ་པ།

kukimbia

འཐེན་པ།

vuta

འཕེན་པ།

kutupa

སླུད་པ།

kuanguka

ཐུལ་པ།

hadaa

སྒུག་པ།

kusubiri

འཁྱེར།

kubeba

མར་སྐྱོད་པ།

kukaa

གྱོན་པ།

vaa nguo

གཉིད་ཉལ་བ།

usingizi

ཡར་ལངས་པ།

kuamka

སློབ་པ།

kuangalia

དུ་བ།

lia

བྱིན་པ་སྐྱོན་པ།

kiharusi

སྐྲ་འགྲེང་པ།

chana nywele

སྐད་ཆ་ཤོད་པ།

ongea

རྩོད་གླེང་པ།

kuelewa

དྲི།

kuuliza

ཉོན་པ།

kusikiliza

འཐུང་།

kunywa

ཟ།

kula

ལེགས་སྐྱེལ།

nadhifisha

དགའ་བ།

upendo

བཙོ་བ།

mpishi

རྒྱུགས་འཁོར་གཏོང་བ།

gari

འཕུར་བ།

kuruka

རུ་མཚོ་སྐྱོད་པ།
....
meli

རྩིས་རྒྱག་པ།
....
kokotoa

སློག་པ།
....
kusoma

སློབ་སྦྱོང་བྱེད་པ།
....
kujifunza

ལས་ཀ་བྱེད་པ།
....
kazi

གཉེན་སྒྲིག་བྱེད་པ།
....
kuoa

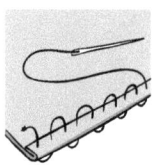

འཚེམ་པ།
....
kushona

སོ་འཁྲུས།
....
piga mswaki

གསོད་པ།
....
kuua

འདུ་བ་འཐེན་པ།
....
moshi

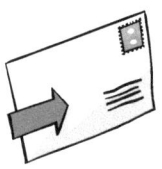

གཏོང་བ།
....
kutuma

བྱེད་ལས། - shughuli

ཁྱིམ་ཚང་།

familia

ཀྲུ་མོ།
bibi

ཕོ་པོ།
babu

ཨ་པ།
baba

ཨ་མ།
mama

ཀྲིས་པ།
mtoto

བུ་མོ།
binti

བུ་ལུག
bin

མགྲོན་པོ།
mgeni

ཨ་ནེ།
shangazi

ཨ་ཞུ
mjomba

ཕ་ནེ།
kaka

ཨ་ཆེ།
dada

ལུས་ཕུངས།

mwili

ཐོད་པ།
paji la uso
མིག
jicho
ངོ་གདོང་།
uso
མ་ཎེ།
kidevu
མཛུབ་མོ།
kidole
ལག་པ།
mkono
ནུ་མ།
matiti
ལག་ངར།
mkono
ཕྲག་པ།
bega
རྐང་པ།
mguu

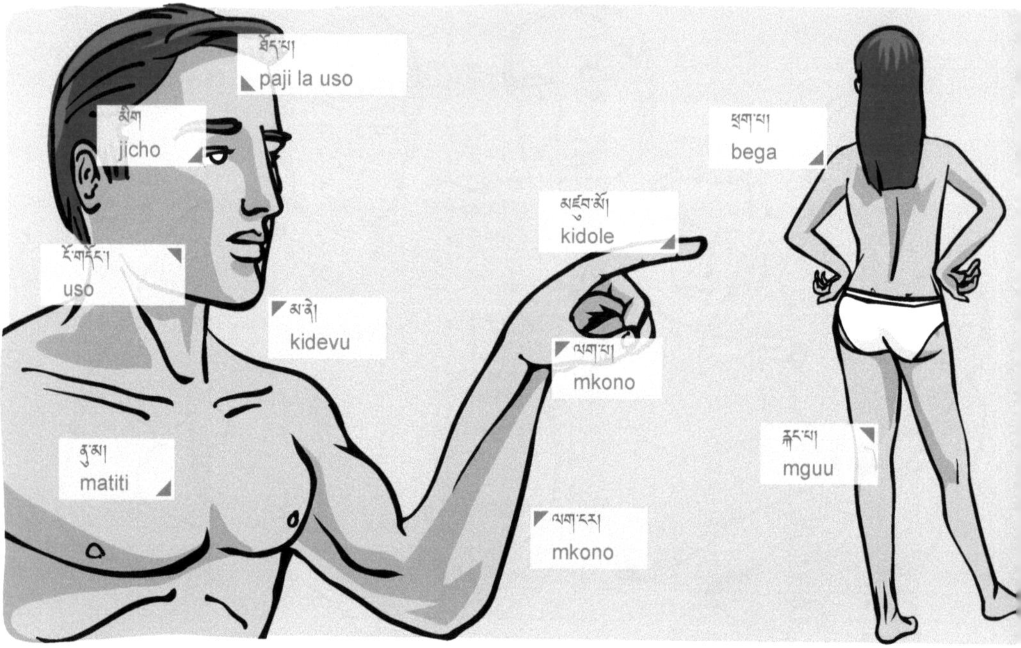

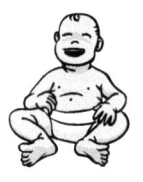

བྱིས་པ།

mtoto

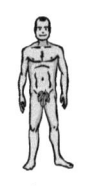

སྐྱེས་པ

mwanamume

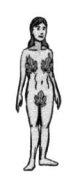

བུད་མེད།

mwanamke

བུ་མོ།

msichana

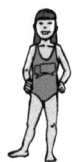

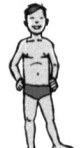

བུ།

mvulana

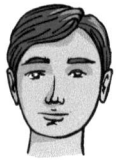

མགོ།

kichwa

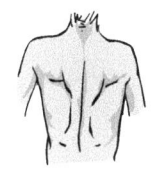

སྐུལ་པ།

nyuma

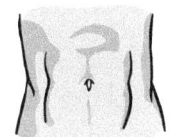

ཚོག་པ།

tumbo

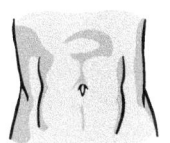

ལྟེ་བ།

kitovu

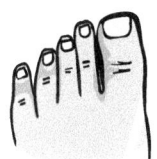

རྐང་མཛུག

chano

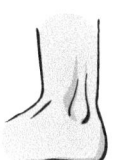

རྟིང་ཀ།

kisigino

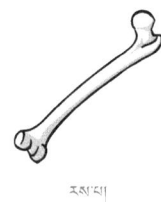

རུས་པ།

mfupa

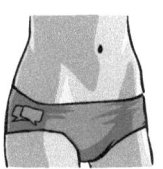

དཔྱི་མགོ

nyonga

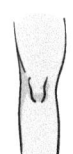

པུས་མོ

goti

གྲུ་མོ

kiwiko

སྣ།

pua

རྐུབ།

chini

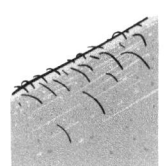

པགས་པ།

ngozi

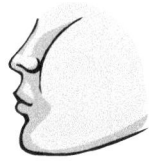

ཞོ་གདོང་།

shavu

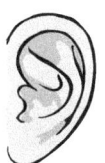

རྣ་མཆོག

sikio

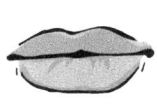

མཆུ།

mdomo

ཁ།

kinywa

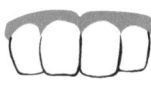

སོ།

jino

ལྕེ།

ulimi

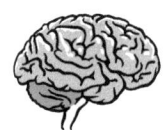

ཀླད་པ།

ubongo

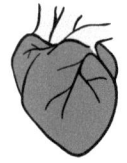

སྙིང་།

moyo

ཤ་གནས།

misuli

གློ་བ།

pafu

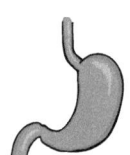

མཆིན་པ།

ini

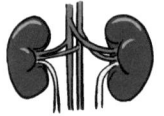

གྲོད་པ།

tumbo

མཁལ་མ།

figo

འཁྲིག་སྤྱོད།

jinsia

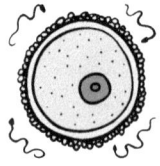

སྣུང་ཁྲབས།

kondomu

ཁམས་དབྱར།

ovari

ཁམས་དཀར།

shahawa

སྤུས་མའི་གནས་སྐབས།

mimba

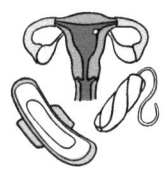

ཀླུ་མ་ཚིག
....
hedhi

ཆུ་སྐོ།
....
uke

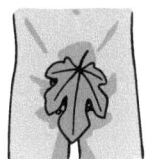

ཕོ་མ་ཚིག
....
uume

སྨིན་མ།
....
unyusi

སྐྲ།
....
nywele

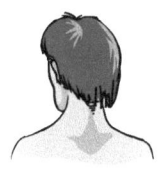

སྐེ།
....
shingo

སྨན་ཁང་།
hospitali

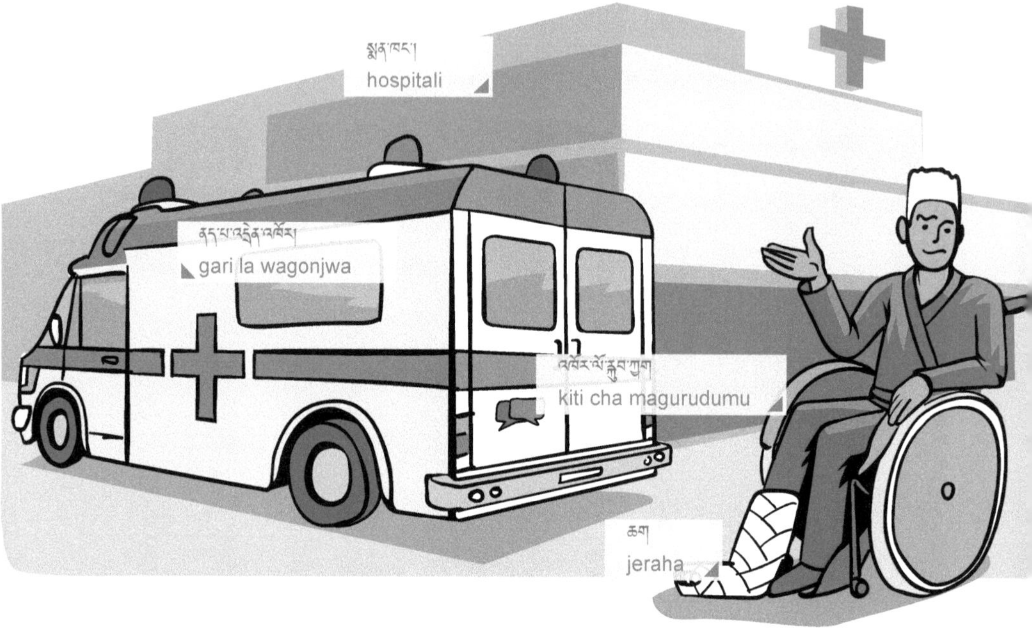

སྨན་ཁང་།
hospitali
ནད་པ་འདྲེན་འཁོར།
gari la wagonjwa
འཁོར་ལོ་རྐུབ་ཀྱག
kiti cha magurudumu
ཆག
jeraha

སྨན་པ།

daktari

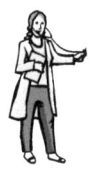

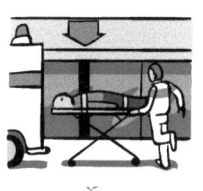

མྱུར་སྐྱོབ་ཁང་།

chumba cha dharura

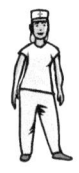

ནད་གཡོག

muuguzi

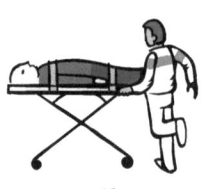

མྱུར་སྐྱོབ།

dharura

དྲན་པ་འཐོར།

kupoteza fahamu

ཟུག་རྔུ།

maumivu

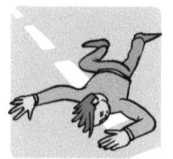

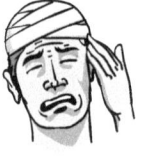

ཀླུན།
kuumia

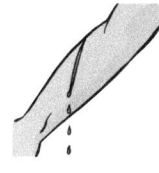

ཁུག་བཞུ་བ།
kutokwa na damu

གོང་བ་ཁྲག་དཀས་པ།
mshtuko wa moyo

གཟན་པོ།
kiharusi

ཆམས་རྩེ།
mzio

གློ་རྒྱག་པ།
kikohozi

ཚ་བ་རྒྱས་པ།
homa

ཆམས་རིམས།
mafua

བཤལ་ནད།
kuharisha

མགོ་བོ།
maumivu ya kichwa

སྐྲན་ནད།
kansa

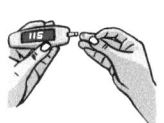

གཅིན་སྙི།
ugonjwa wa kisukari

གཤག་བཅོས་སྨན་པ།
daktari mpasuaji

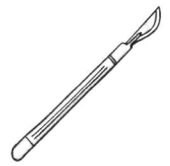

གཤག་བཅོས་གྲི།
kisu kidogo cha kupasulia

བཀོལ་སྦྱོང་།
operesheni

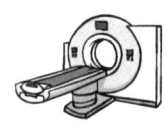

CT ཞིབ་བཤེར།

picha changanufu ya mwili

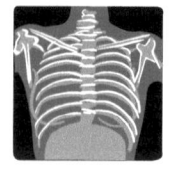

གློག་དཔར།

Eksrei

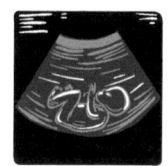

བཀྲལ་སྦུའི་གློག་པར།

mawimbi sauti

ཁ་ཞེབས།

barakoa ya uso

ནད།

ugonjwa

སྒུག་ཁང་།

chumba cha kusubiri

ཞ་པོའི་འབར་ཤིང་།

mkongojo

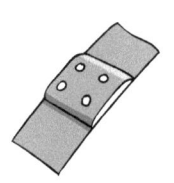

ཕྲལ་རྒྱག

plasta

སྦྲེད་གྲིས།

bendeji

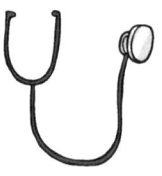

ཁབ།

sindano

ནད་ཞིབ་ཉེན་ལྟ་འཕྲུལ་ཆས།

stetoskopu

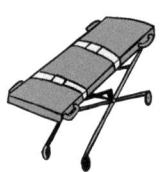

འགྲོ་འཕུང་།

machela

ཚད་དྲག་རྙིས་ཆས།

kipimajoto cha kliniki

སྐྱེ་བ།

kuzaliwa

ཕྲིན་བཙལ།

unene kupita kiasi

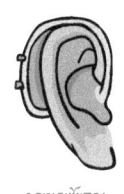

ཅུན་ཐན་ལོ་བུད། *(dotted line)*

kusikia misaada

དུག་སེལ་སྨན་རྫས། *(dotted line)*

kipukusi

འགོ་ནད། *(dotted line)*

maambukizi

དུག་སྲིན། *(dotted line)*

virusi

ཨེ་ཙེ་ནད་དུག *(dotted line)*

VVU / UKIMWI

སྨན། *(dotted line)*

dawa

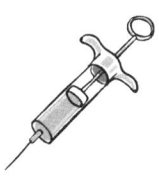

སྨེན་འབོག་སྨན་ཁབ། *(dotted line)*

chanjo

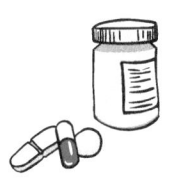

སྨན་རིལ། *(dotted line)*

vidonge

སྨེན་འབོག་སྨན། *(dotted line)*

kidonge

སྨར་སྨྱོ་བ་འབོད་པ། *(dotted line)*

simu ya dharura

ཁྲག་གནོན་རྐྱེལ་ཚད། *(dotted line)*

haemodainamometa

ནད་པ་འབད་པོ་ཤད་པོ། *(dotted line)*

mgonjwa / mwenye afya

སྐྱོག་སློབ་ཡ།

Msaada!

ཉེན་བརྡ།

kengele

རྫོལ་འཛིངས།

pigo

བཙན་རྫོལ།

shambulizi

ཉེན་ཁ།

hatari

ཤེལ་སྒྱུར་ཐོན་སྒོ།

lango la dharura

མེ།

Moto!

མེ་གསོད་ཡོ་བྱད།

kizima moto

འཕྲལ་ཉེན།

ajali

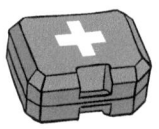

སྨུར་སློབ་སྨན།

vifaa vya huduma ya
kwanza

ཚ་སྒོག་སློབས།

wito wa msaada

ཉེན་རྟོག་པ།

polisi

ཡོ་རོབ།

Ulaya

ཨ་མེ་རི་ཀའི་བྱང་མ།

Amerika ya Kaskazini

ཨ་མེ་རི་ཀའི་ལྷོ་མ།

Amerika ya Kusini

ཨ་ཧྥི་རི་ཀ།

Afrika

ཨེ་ཤི་ཡ།

Asia

ཨོ་སི་ཏྲོ་ལི་ཡ།

Australia

རྒྱ་ཆེན་རྒྱ་མཚོའི།

Atlantiki

ཞི་བདེའི།

Pasifiki

རྒྱ་གར་རྒྱ་མཚོ།

Bahari ya Hindi

ལྷོ་སྒྱུའི་རྒྱ་མཚོ།

Bahari ya Antaktiki

བྱང་སྒྱུ་བུང་བའི་རྒྱ་མཚོ།

Bahari ya Aktiki

བྱང་ནེ།

Ncha ya Kaskazini

ཨོ་ཙོ་སྐེ།

Ncha ya Kusini

ཨོ་སྐེ་སྐེད།

Antaktika

ཨི་གོ་ལ།

dunia

ཤ།

nchi

རྒྱ་མཚོ།

bahari

སྐེ་རང་ཀ།

kisiwa

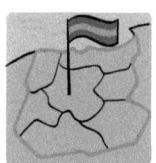

རྒྱལ་ཁབ།

taifa

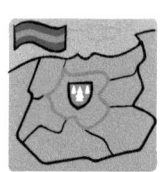

རྒྱལ་ཁབ།

jimbo

རྒྱུ་ཚོད།

uso wa saa

རྒྱུ་ཚོད་ཀྱི་མདའ།

akrabu ya saa

སྐར་མདའ།

akrabu ya dakika

སྐར་མདའ།

akrabu ya sekunde

དུས་ཚོད་ག་ཚོད་རེད།

Ni saa ngapi?

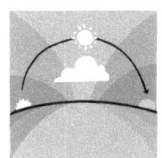

ཉིན།

siku

དུས་ཚོད།

wakati

དཀྱི།

sasa

མཛུབ་དཔྱིབས་ཅན་གྱི་རྒྱུ་ཚོད།

saa ya dijitali

སྐར་མ།

dakika

དུས་ཚོད།

saa

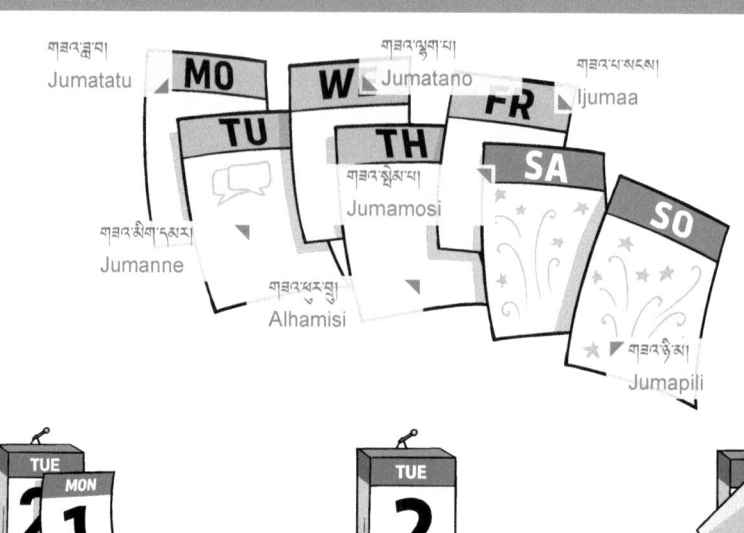

གཟའ་ཟླ་བ། Jumatatu

W Jumatano གཟའ་ལྷག་པ།

གཟའ་པ་སངས། Ijumaa

TU

TH

SA

གཟའ་སྤེན་པ། Jumamosi

གཟའ་མིག་དམར། Jumanne

SO

གཟའ་ཕུར་བུ། Alhamisi

གཟའ་ཉི་མ། Jumapili

ཁ་སང་།

jana

དེ་རིང་།

leo

སང་ཉིན།

kesho

ཞོགས་པ།

asubuhi

ཉིན་དགུང་།

saa sita mchana

དགོངས་མོ།

jioni

MO	TU	WE	TH	FR	SA	SU
1	2	3	4	5	6	7
8	9	10	11	12	13	14
15	16	17	18	19	20	21
22	23	24	25	26	27	28
29	30	31	1	2	3	4

ལས་གཅེར་ཉིན་མོ།

siku za biashara

MO	TU	WE	TH	FR	SA	SU
1	2	3	4	5	6	7
8	9	10	11	12	13	14
15	16	17	18	19	20	21
22	23	24	25	26	27	28
29	30	31	1	2	3	4

བདུན་ཕྲག་གི་མཇུག་འཆུག །

mwishoni mwa wiki

mwaka

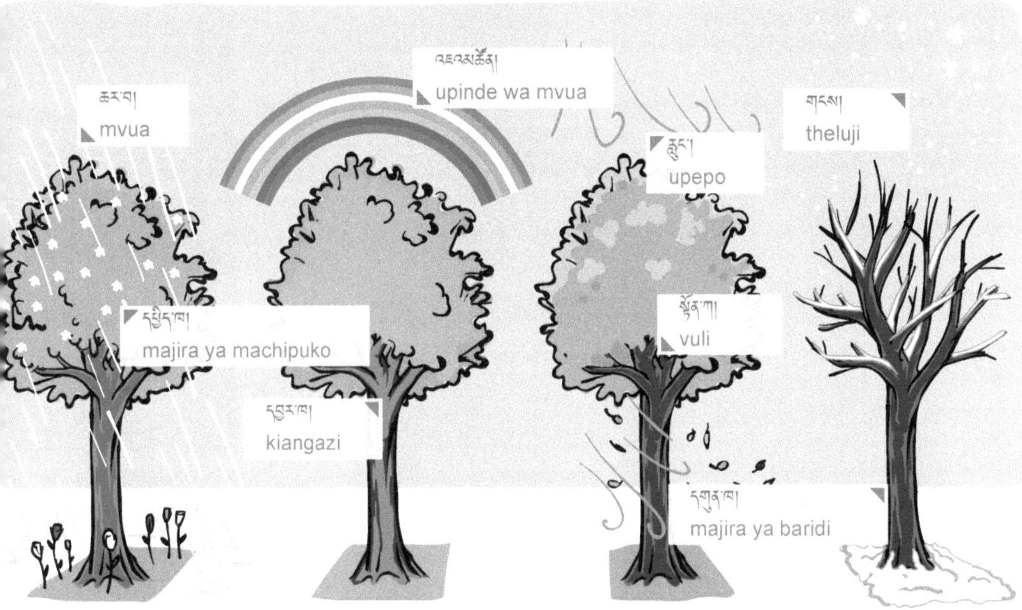

ཆར་བ།
mvua

འཇའ་མཚོན།
upinde wa mvua

རླུང་།
upepo

གནས།
theluji

དཔྱིད་ཁ།
majira ya machipuko

ལྟོན་ཀ།
vuli

དབྱར་ཁ།
kiangazi

དགུན་ཁ།
majira ya baridi

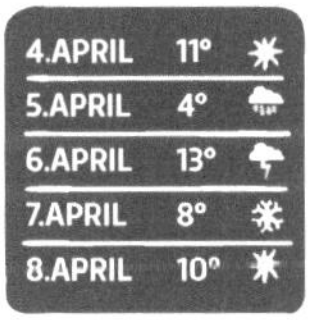

4.APRIL	11°	☀
5.APRIL	4°	☁
6.APRIL	13°	🌧
7.APRIL	8°	❄
8.APRIL	10°	☀

གནམ་གཤིས་སྔོན་བརྡ།

utabiri wa hali ya hewa

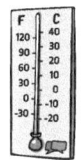

དྲོད་ཚད་ཚིགས་ཆས།

kipimajoto

ཉི་འོད།

mwanga wa jua

སྤྲིན།

wingu

སྨུག་པ།

ukungu

བཅུད་ཚོད།

unyevu

སྨྱུག

umeme

འབྲུག་སྒྲ།

radi

རླུང་འཚུབ།

dhoruba

སེར་བ།

mvua ya mawe

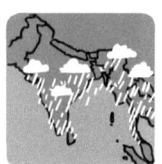

དུས་རླུང་།

monsuni

ཆུ་ཕོག

mafuriko

འཁྱགས་པ།

barafu

སྤྱི་ཟླ་དང་པོ།

Januari

སྤྱི་ཟླ་གཉིས་པ།

Februari

སྤྱི་ཟླ་གསུམ་པ།

Machi

སྤྱི་ཟླ་བཞི་པ།

Aprili

སྤྱི་ཟླ་ལྔ་པ།

Mei

སྤྱི་ཟླ་དྲུག་པ།

Juni

སྤྱི་ཟླ་བདུན་པ།

Julai

སྤྱི་ཟླ་བརྒྱད་པ།

Agosti

སྤྱི་ཟླ་དགུ་པ།
....
Septemba

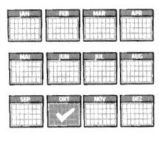

སྤྱི་ཟླ་བཅུ་པ།
....
Oktoba

སྤྱི་ཟླ་བཅུ་གཅིག་པ།
....
Novemba

སྤྱི་ཟླ་བཅུ་གཉིས་པ།
....
Desemba

རྫས་པ།

maumbo

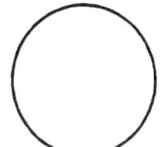

སྒོར་སྒོར།
....
mduara

གྲུ་བཞི་མ།
....
mraba

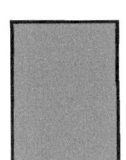

གྲུ་བཞི་རིང་སྦོ།
....
mstatili

ཟུར་གསུམ་མ།
....
pembetatu

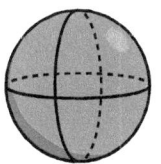

རྒྱས་གཟུགས།
....
nyanja

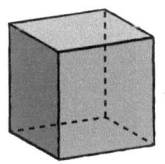

རྒྱ་དཔངས་གྲུ་བཞི་མ།
....
mchemraba

དཀར་པོ།

nyeupe

སེར་པོ།

manjano

ལི་དབང་།

chungwa

ཟིར་སྨུག

rangi ya waridi

དམར་པོ།

nyekundu

སུ་མེན་མདོག

hudhurungi

སྔོན་པོ།

bluu

ལྗང་ཁུ།

kijani

ཉེ་སྐྱུག

hanja

སྐྱ་པོ།

jivujivu

ནག་པོ།

nyeusi

མང་པོ་ཆུང་བ།

mengi / kidogo

ཧྲོ་པོ་ཞི་འཇམས་ཚན།

hasira / pole

མ་རབས་ཀུག་ཁ།

nzuri / mbaya

སློ་བརྒྱབས་པ་མཇུག་སྐྱེལ།

mwanzo / mwisho

ཆེ་བ་ཆུང་བ།

kubwa / ndogo

འོད་ཕྱོགས་ཕྱོགས་མུན་ནག

angavu / giza

ཕ་རུ་ཨ་ཇེ།

kaka / dada

གཙང་མ་བཙོག་པ།

safi / chafu

ཆ་ཚོང་ག་ཆ་མ་ཚོང་བ།

kamilika / tokamilika

ཉིན་པོ་མཚན་པོ།

siku / usiku

གསོན་པོ་གསོན་པོ།

wafu / hai

ཡངས་པོ་ཐོག་པོ།

pana / nyembamba

ཁ་རང་ཁ་མི་རང་པ།

kulika / kutolika

ངན་པ་ཤེམས་བཟང་།

ovu / ema

དགའ་བྲོ་སྐྱེ་གནས་སྐྱུང་སྐྱེས་པ།

sisimkwa / udhika

ཚོན་པོ་ཉིད་པོ།

nene / nyembamba

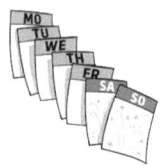

དང་པོ་མཐའ་མ།

kwanza / mwisho

གྲོགས་པོ་དགྲ་པོ།

rafiki / adui

ཞེངས་པ་སྦོང་པ།

jaa / tupu

མཐྲེགས་པོ་འཇམ་པོ།

ngumu / laini

ལྗིད་པོ་ཡང་མོ།

nzito / nyepesi

བཀྲེས་ལ་སྦོང་པ།

njaa / kiu

ནད་པ་བདེ་པོ་ཐང་པོ།

mgonjwa / mwenye afya

ཁྲིམས་འགལ་གྱི་ཁྲིམས་ཀྱི

haramu / kisheria

རིགས་པ་ཅན་སྒྲིན་པ།

akili / kijinga

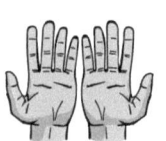

གཡོན་གཡས།

kushoto / kulia

ཉེ་པོ་ཐག་རིང་པོ།

karibu / mbali

གསར་པ་རྙིང་སོ་སོ།

mpya / kutumika

གནད་ཡང་མིན་པ་གལ་ཆེ་ཡིན་ན།

kitu / jambo

ཕོ་ནུ་མཚོ་བག་གཙོན་ནུ།

zee / changa

སྟེང་ཡར།

waka / zima

ཁ་འབྱེད་ནས་ཡོད་པ་བཏང་ནས་ཡོད་པའི།

wazi / fungwa

ཁུ་མིག་པོ་སྐྲ་ཆེན་པོ།

utulivu / kelele

ཕྱུག་པོ་སྐྱོ་པོ།

tajiri / masikini

ཚོས་ཅིག་ནོར་བ།

sahihi / kosa

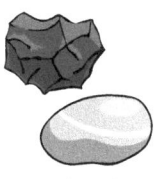

རྩུབ་པོ་འཇམ་པོ།

mbaya / laini

ཡིད་སྐྱོ་སྐྱིད་ངའ་པོ།

huzunika / furahia

ཐུང་ག་རིང་བ།

fupi /ndefu

དལ་གྱིས་མྱུར་བ།

polepole / haraka

རྙོན་པ་སྐམ་པོ།

nyevu / kavu

རྡོན་པོ་གྲང་པོ།

joto / baridi

འབག་པ།

vita / amani

0

གྲུད་ཀོ་ར།

sufuri

1

གཅིག

moja

2

གཉིས།

mbili

3

གསུམ།

tatu

4

བཞི།

nne

5

ལྔ།

tano

6

དྲུག

sita

7

བདུན།

saba

8

བརྒྱད།

nane

9

དགུ

tisa

10

བཅུ།

kumi

11

བཅུ་གཅིག

kumi na moja

12

བཅུ་གཉིས།

kumi na mbili

13

བཅུ་གསུམ།

kumi na tatu

14

བཅུ་བཞི།

kumi na nne

15

བཅོ་ལྔ།

kumi na tano

16

བཅུ་དྲུག

kumi na sita

17

བཅུ་བདུན།

kumi na saba

18

བཅོ་བརྒྱད།

kumi na nane

19

བཅུ་དགུ

kumi na tisa

20

ཉི་ཤུ།

ishirini

100

བརྒྱ།

mia

1.000

སྟོང་།

elfu

1.000.000

ས་ཡ།

milioni

དབྱིན་སྐད།

Kiingereza

ཨ་རིའི་དབྱིན་སྐད།

Kiingereza cha Marekani

རྒྱ་སྐད།

Kimandarini cha Uchina

ཧིན་དི།

Kihindi

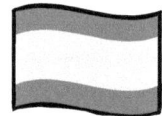

སི་པེན་གྱི་སྐད་རིགས།

Kihispania

ཕ་རན་སིའི་སྐད་རིགས།

Kifaransa

ཨ་རབ་ཀྱི་སྐད་རིགས།

Kiarabu

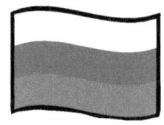

ཨུ་རུ་སུའི་སྐད་རིགས།

Kirusi

ཕོར་ཐུག་ཀལ་གྱི་སྐད་རིགས།

Kireno

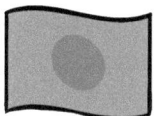

སྦུང་གཱ་ལ་སྐད་རིགས།

Kibengali

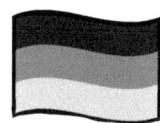

འཇར་མན་སྐད་རིགས

Kijerumani

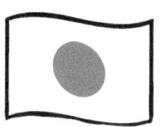

ཧྲ་པན་སྐད་རིགས།

Kijapani

དང་།

mimi

ཤེད་རང་།

wewe

ཁོ་མོ་འདི།

yeye / yeye / ni

ང་ཚོ།

sisi

ཤེད་ཚོ།

wewe

ཁོ་ཚོ།

wao

སུ།

nani?

ག་རེ།

nini?

ག་འདྲ།

jinsi gani?

ག་བ།

wapi?

ག་དུས།

lini?

མིང་།

jina

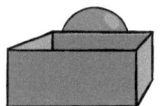

ཀྲུབ་བ།

nyuma

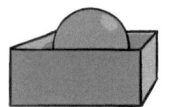

ནང་བ།

katika

མདུན་བ།

mbele ya

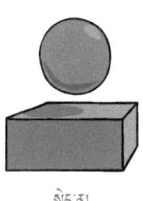

སྟེང་བ།

juu ya

སྟེང་བ།

kwenye

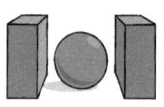

འོག་བ།

chini ya

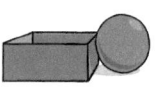

འགྲམ་དུ།

kando

བར་དུ།

kati

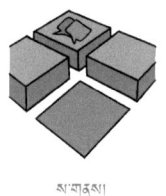

ས་གནས།

mahali